ポーランド声楽曲選集　第4巻
Pieśni polskie dla melomanów japońskich　Tom IV

„Śpiewnik domowy" Stanisława Moniuszki – wybór

モニューシュコの家庭愛唱歌集（選）

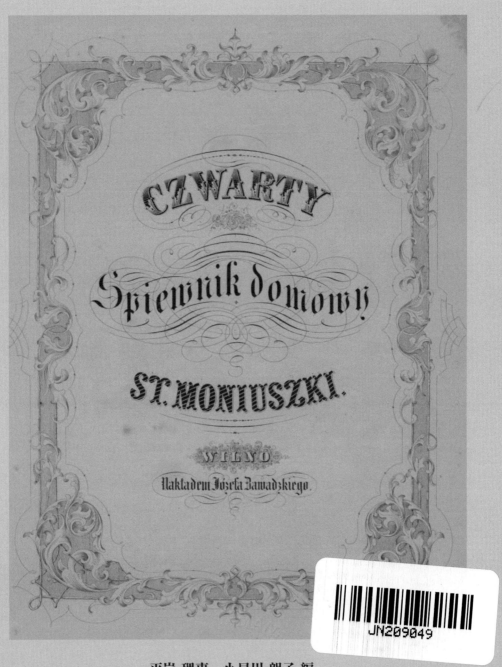

平岩 理恵　小早川 朗子 編

Opracowały
Rie Hiraiwa, Tokiko Kobayakawa

ハンナ
HANNA Corporation

楽譜シリーズ「ポーランド声楽曲選集」刊行にあたって

　現代の日本において「ポーランド音楽」といえば「ショパンのピアノ作品」とほぼ同義に捉えられているほど、ショパンの作品は日本で広く愛好されていると同時に、それ以外の作曲家やピアノ曲以外の分野、とりわけ声楽曲についてはほとんど知られていないのが実情です。

　こうした現状をもたらしているのは、なによりもまず「ポーランド語」という、文法も発音も決して容易とはいえない言語の壁が立ちはだかっているためだといえるでしょう。この状況を少しでも改善し、一人でも多くの日本人にポーランド語歌曲の素晴らしさに親しむきっかけを提供したい、というのは、ポーランド音楽の実践・研究に携わる者にとっての悲願でした。

　特定非営利活動法人フォーラム・ポーランド組織委員会では「言葉」のついたポーランド音楽を、クラシックの声楽曲・合唱曲などから民謡・流行歌に至るまで幅広く取り上げ、発音のガイドや専門家による対訳および解説を付した楽譜を出版・普及するというプロジェクトを提唱し、ポーランドの政府機関「ポーランド広報文化センター」の助成を得て《ポーランド声楽曲選集》シリーズを2014年から刊行しており、すでに第1巻『ショパン歌曲集』、第2巻『12のコレンダ──ポーランドのクリスマス聖歌』、第3巻『カルウォーヴィチ歌曲集』を出版しました。第4巻としてお届けするのは『モニューシュコの家庭愛唱歌集(選)』です。「ポーランド国民オペラの父」とも称されるスタニスワフ・モニューシュコ (Stanisław Moniuszko, 1819-1872) は、ポーランドが国家の独立を失っていた時代、生涯を通じてポーランド人のためにポーランド語で声楽作品を書き続けた作曲家です。作曲した歌曲の数は300以上におよび、それらを収録した《家庭愛唱歌集》(全12巻) は亡国の最中のポーランド人にとってバイブルのような存在となり、まさに各ポーランド人の家庭で長年にわたり愛唱されてきました。本歌曲集ではその中から現在でも親しみ続けられている作品を中心に14曲を選びご紹介しています。楽譜の校訂にあたっては、モニューシュコの生前に出版された各曲の初版もしくは第二版を底本としました。各底本の情報および校訂の方法・内容については解説内で示してあります。

　この歌曲集の編集・執筆にあたっては、平岩が選曲、底本の選定、楽譜校訂、歌詞の発音カナ表記、解説の執筆を、小早川がワルシャワの国立図書館におけるアーカイヴ調査、楽譜校訂、各曲の底本から現代譜への入力作業を、関口が歌詞翻訳を担当しました。

　企画の意図・意義についてご理解とご賛同をいただき、出版を快くお引き受けいただいた出版社「株式会社ハンナ」およびご担当の正鬼奈保さま、「株式会社ホッタガクフ」およびご担当の島野七穂子さまに、心から感謝申し上げます。

特定非営利活動法人フォーラム・ポーランド組織委員会

《ポーランド声楽曲選集》企画委員一同

【表紙画像】

　„Czwarty Śpiewnik domowy. St. Moniuszki. Wilno. Nakładem Józefa Zawadzkiego"

　(St. モニューシュコの家庭愛唱歌集第4巻／ヴィルノ／ユゼフ・ザヴァツキ刊)

　1855年に出版された《家庭愛唱歌集》第4巻初版の表紙(ヤギェロン大学図書館所蔵)

Contents

(歌詞頁)

1. Prząśniczka ——————————— 4　8
    紡ぎ唄
2. Pieśń wieczorna ——————————— 10　15
    宵の唄
3. Wiosna ——————————— 12　16
    春
4. Dziad i baba ——————————— 18　26
    爺と婆
5. Krakowiaczek ——————————— 28　31
    クラコヴィアチェック
6. Kukułka ——————————— 32　35
    カッコウ
7. Starość ——————————— 36　40
    老い
8. Pieszczotka ——————————— 42　45
    甘えんぼさん
9. Triolet ——————————— 46　48
    トリオレ
10. Nawrócona ——————————— 50　49
    なびいた娘
11. Znasz-li ten kraj? ——————————— 52　54
    君よ知るや彼の国を
12. Polna różyczka ——————————— 56　60
    野薔薇
13. Czaty ——————————— 61　74
    狙撃
14. Do Niemna ——————————— 77　82
    ニェメン河に

刊行にあたって ——————————— 2
モニューシュコの生涯と作品 ——— 平岩理恵 — 83
モニューシュコの歌曲 ——————— 平岩理恵 — 87
各曲の解説 ——————————— 平岩理恵 — 92
ポーランド語の発音について ——————— 99

1. Prząśniczka
紡ぎ唄

曲：Stanisław Moniuszko
（スタニスワフ・モニューシュコ）
詞：Jan Czeczot
（ヤン・チェチョット）

Presto

sempre **p**

U prząś - nicz - ki sie - dzą jak
Po - szedł do Kró - lew - ca mło -

a - nioł dzié - wecz - ki, przę - dą so - bie przę - dą jed -
-dzie - niec z wi - ci - ną, łza - mi się za - le - wał że -

-wab - ne ni - tecz - ki. Kręć się, kręć wrze - cio - no!
-gna - jąc z dziew - czy - ną. Kręć się, kręć wrze - cio - no!

1. Prząśniczka

プションシニチュカ

紡ぎ唄

詞：ヤン・チェチョット
訳：関口時正

U prząśniczki siedzą
ウ プションシニチュキ シェヅォン

jak anioł dziéweczki,
ヤク アニョウ ヂェヴェチュキ

przędą sobie przędą
プシェンドン ソビェ プシェンドン

jedwabne niteczki.
イェドヴァブネ ニテチュキ

Kręć się, kręć wrzeciono!
クレンチ シェン クレンチ ヴジェチォノ

wić się tobie, wić!
ヴィチ シェン トビェ ヴィチ

ta pamięta lepiej
タ パミェンタ レピェイ

czyja dłuższa nić.
チヤ ドゥシュシャ ニチ

糸繰り車を脇に坐る

天使のような娘たち。

紡ぐよ紡ぐ、

絹の糸。

　回れや回れ、錘や錘、

　　捩れて捩れ！

　糸が長けりゃ、

　思いも深い。

Poszedł do Królewca
ポシェト ド クルレフツァ

młodzieniec z˛wiciną,
ムウォヂェニェツ ズヴィチノン

łzami się zalewał
ウザミ シェン ザレヴァウ

żegnając z˛dziewczyną.
ジェグナヨンツ ズヂェフチノン

Kręć się, kręć wrzeciono!
クレンチ シェン クレンチ ヴジェチョノ

wić się tobie, wić!
ヴィチ シェン トビェ ヴィチ

ta pamięta lepiej
タ パミェンタ レピェイ

czyja dłuższa nić.
チヤ ドゥシュシャ ニチ

荷船でクルレヴィエツ[1]に

下って行った若者は

涙に濡れて

娘と別れた。

　回れや回れ、錘や錘、

　　捩れて捩れ！

　糸が長けりゃ、

　思いも深い。

Gładko idzie przędza,
グワトコ イヂェ プシェンヅァ

wesoło dziewczynie!
ヴェソウォ ヂェフチニェ

pamiętała trzy dni
パミェンタワ チシ ドゥニ

o wiernym chłopczynie.
オ ヴィエルニム フウォプチニェ

Kręć się, kręć wrzeciono!
クレンチ シェン クレンチ ヴジェチョノ

wić się tobie, wić!
ヴィチ シェン トビェ ヴィチ

ta pamięta lepiej
タ パミェンタ レピェイ

czyja dłuższa nić.
チヤ ドゥシュシャ ニチ

やすやすと、楽しく

糸繰る娘、

忠実な若者を

三日までは憶えていたが。

　回れや回れ、錘や錘、

　　捩れて捩れ！

　糸が長けりゃ、

　思いも深い。

---

[1] バルト海沿岸の町。ドイツ語でケーニヒスベルク。現在ロシア領カリーニングラード。

Inny się młodzieniec
podsuwa z ubocza
i innemu rada
dziewczyna ochocza.
Kręć się, kręć wrzeciono!
prysła wątła nić....
wstydem dziewczę płonie,
wstydź się dziewczę, wstydź.

別の若者、横から

現れ出づれば、

別の男に、あら嬉しやと

娘はなびく。

回れや回れ、錘や錘！

弱い糸はぷつりと切れた。

羞じた娘は頬染める。

恥を知れや、娘よ、恥を！

3. Wiosna
春

曲：Stanisław Moniuszko
（スタニスワフ・モニューシュコ）
詞：Stefan Witwicki
（ステファン・ヴィトフィツキ）

2. Pieśń wieczorna

ピェシン ヴィエチョルナ

宵の唄

詞：ヴワディスワフ・スィロコムラ
訳：関口時正

Po nocnej rosie,
płyń dźwięczny głosie,
niech się twe echo rozszerzy,
gdzie nasza chatka;
gdzie stara matka
krząta się koło wieczerzy.
Jutro dzień święta;
niwa nie zżęta
niechaj przez jutro dojrzewa,
niech wiatr swawolny,
niech konik polny,
niechaj skowronek tu śpiewa, ×2

Już blisko, blisko,
chatnie ognisko,
znużone serce weseli;
tam pracowita
matka mię spyta:
„wieleście w polu nażęli?"
Matko! jam młoda,
rąk moich szkoda,
szkoda na skwarze oblicza!
Źle szła robota,
przeszkadza słota
i moja dumka dziewicza, ×2

夜露の上を

流れゆけよ、よく響く声、

その木霊よ、広がれよ、

私たちの家のある処まで

年老いた母の

夕餉の支度にたち働く処まで。

明日は祭日。

刈入れの終らぬ畑は、

明日の間に熟せばいい、

気ままな風も、

バッタも、

雲雀もここで歌うがいい。 ×2

もうすぐそこ、すぐそこに

田舎家の竈の火が

疲れた心を温めてくれよう。

家に着けば、働き者の

母は私に訊くだろう——

「たくさん刈り取ったかい？」と。

お母様！　私はまだ若いの、

手も荒らしたくないし、

顔も灼きたくありません！

野良仕事は遅れました。

邪魔をしたのは悪い天気と

乙女の私のささやかな見栄。 ×2

3. Wiosna

春

詞：ステファン・ヴィトフィツキ
訳：関口時正

Błyszczą krople rosy,
mruczy zdrój po błoni;
ukryta we wrzosy
gdzieś jałówka dzwoni.

朝露のしずくきらめき、
泉のつぶやき牧場を流れ、
どこかヒースの蔭で、
若い牝牛の鈴が鳴る。

Piękną, miłą błonią,
leci wzrok wesoło;
w‿koło kwiaty wonią,
kwitną gaje w‿koło.

うるわしく、心地よき牧場、
眺めやる目もほがらかに、
あたり一面花の香り、
ぐるりの林も花ざかり。

Paś się, błąkaj trzodko,
ja pod skałą siędę,
piosnkę lubą, słodką
śpiewać sobie, śpiewać sobie będę.

草食め、さまよえ牛ども！
私は一人岩陰に腰おろし、
大好きな、素敵な歌を
気ままに歌っていよう。

Ustroń miła, cicha!...
jakiś żal w‿pamięci,
czegoś serce wzdycha,
w‿oku łza się kręci.

心地よきかな、静かな別天地！
思い出には悲しみひそみ、
心は何やらかこちがち、
眼には涙も浮かぶけれども。

Łza wybiegła z‿oka!..
ze mną strumyk śpiewa,
do mnie się z‿wysoka
skowronek odzywa.

やがて涙は流れ出て、
小川が私とともに歌い、
雲雀が空から、
私に声かける。

Lot rozwija chyży...
ledwo widny oku...
coraz wyżej, wyżej...
zginął już, ach zginął już w‿obłokach.

はしこく飛び上がる････
目にもとまらぬその姿････
高く、いよいよ高く････
早や消えた、ああ、早や雲間に消えた。

Nad pola, nad niwy
jeszcze piosnkę głosi,
i ziemi śpiew tkliwy
do niebios zanosi,
ziemi śpiew aż do nieba zanosi,
do niebios, do niebios zanosi.

野原の上、畑の上、

なおも歌を歌いつづける、

切ない大地の声を

天まで届けようと、

大地の声を空にまで届け、

天まで、天まで届けようと。

4. Dziad i baba

爺と婆

曲：Stanisław Moniuszko
（スタニスワフ・モニューシュコ）
詞：Józef Ignacy Kraszewski
（ユゼフ・イグナツィ・クラシェフスキ）

4. Dziad i baba

爺と婆

詞：ユゼフ・イグナツィ・クラシェフスキ
訳：関口時正

Był sobie dziad i baba,
Bardzo starzy oboje,
Ona kaszląca, słaba,
On skurczony we dwoje.
Mieli chatkę maleńką,
Tak starą jak oni,
Jedno miała okienko
I jeden był wchód do niéj.
Żyli bardzo szczęśliwie,
Spokojnie jak w niebie,
Czemu ja się nie dziwię,
Bo przywykli do siebie.
Tylko smutno im było,
Że umierać musieli,
Że się kiedyś mogiłą
Długie życie rozdzieli.

I modlili się szczerze,
Aby Bożym rozkazem,
Kiedy śmierć ich zabierze,
Brała oboje razem.
„Razem! to być nie może,
Ktoś choć chwilą wprzód skona.”
„Byle nie ty nieboże.”
„Byle tylko nie ona.”
„Wprzód umrę, woła baba,
Jestem starsza od ciebie,
Co chwila bardziéj słaba,
Zapłaczesz na pogrzebie.”
„Ja wprzódy, moja miła,
Ja kaszlę bez ustanku,
I zimna mnie mogiła
Przykryje lada ranku.”

そのむかし爺と婆がいました。

二人ながら大層な年寄り。

しわぶきがちで体の弱い婆に、

海老のように腰の折れた爺。

二人が住むのも

二人と同じく古い小屋。

小さな窓が一つに

入口一つ。

二人は大層幸せに、天国にいるように

静かに暮らしていました。

それには何の不思議もありません。

それほど二人は仲睦まじかったから。

ただ、二人の心配は、

いずれ死なねばならぬこと、

やがてお墓によって

長い人生も打ち切られること。

だから二人は心の底から祈っていました。

神様の命令で、

死神が二人を連れ去る時は、

二人一緒に連れ去るようにと。

「一緒に！ それはあり得ん。

どっちかが一瞬でも先に死ぬ」

「あんたじゃなければいいが、気の毒に」

「それが婆さんでなければいいが」

「あたしが先に死ぬよ」と婆は言います。

「あたしはあんたよりも年上、

一刻々々あたしは衰えている。

あんたは葬式で泣いてくれればそれでいい」

「わしの方が先だよ、婆さん、

年がら年中咳は出るし、

冷たい土饅頭がわしの上に

明日の朝にもあるやも知れん」

<ruby>ムニェ<rt></rt></ruby> <ruby>プシュディ<rt></rt></ruby> <ruby>ムニェ<rt></rt></ruby> <ruby>コハニェ<rt></rt></ruby>
„Mnie przódy.” „Mnie kochanie.”

「あたしが先よ」「わしじゃ、婆さん」

„Mnie mówię.” „Dość już tego,

「あたしだってば」「もういいさ。

Dla ciebie płacz zostanie.”

お前には涙を残してやるさ」

„A tobie nie? dlaczego?”

「あんたは要らないの？　どうして？」

I tak daléj i daléj,

と、すったもんだの

Jak zaczęli się kłócić,

喧嘩がはじまり、

Tak się z miejsca porwali,

後先見ずの取っ組み合いに

chatkę chcieli porzucić.

粗末な小屋は倒れんばかり。

Aż do drzwi puk powoli.

そこへおもむろに戸を叩く音。

„Kto tam?” „Otwórzcie proszę,

「どなた？」「開けてください。

Posłuszna waszéj woli,

あなた方のお望み通り、

Śmierć jestem: skon przynoszę.”

結末を運んで来ました。私は死神」.

„Idź babo drzwi otworzyć.”

「婆さん、行って戸を開けろ！」

„Ot to: idź sam, ja słaba,

「いえ、あんたが出て、あたしは気分が悪い。

Ja pójdę się położyć,”

横になります」

Odpowiedziała baba.

婆は答えました。

„Fi! śmierć na słocie stoi,

「まあ！　死神が雨に濡れて

I czeka tam nieboga,

可哀想に外で待っている。

Idź, otwórz z łaski swojéj,”

あんた、お願いだから開けておやり」

„Ty otwórz, moja droga.”

「お前が開けてくれ、婆さんや」

Baba za piecem z cicha,

婆は<ruby>竈<rt>かまど</rt></ruby>の裏にこそこそと

Kryjówki sobie szuka,

<ruby>隠れ処<rt>が</rt></ruby>さがし、

Dziad pod ławę się wpycha,

爺は長椅子の下にもぐり込み、

A śmierć stoi i puka.

死神は立ち尽くして、戸を叩く。

I byłaby lat dwieście,

そうして二百年も戸の前で

Pode drzwiami tam stała;

立ちつづけたかも知れなかった。

Lecz znudzona nareszcie

けれども終にしびれを切らした死神、

Kominem wleźć musiała.

煙突から入るほかはなかったとさ。

5. Krakowiaczek

クラコヴィアチェック

曲：Stanisław Moniuszko
(スタニスワフ・モニューシュコ)
詞：Edmund Wasilewski
(エドムント・ヴァシレフスキ)

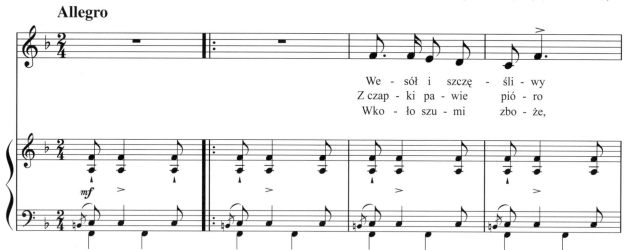

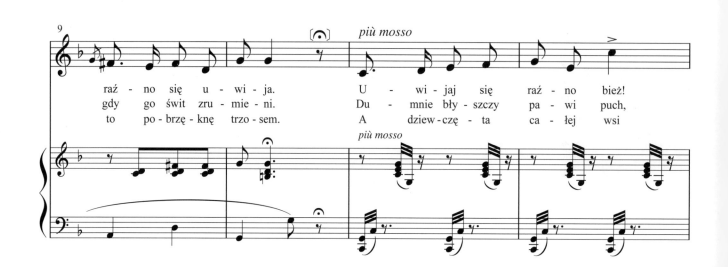

5. Krakowiaczek
クラコヴィアチェク

クラコヴィアチェック

詞：エドムント・ヴァシレフスキ
訳：関口時正

ヴェスウ イ シュチェンシリヴィ　クラコヴィアチェク　チ ヤ
Wesół i szczęśliwy Krakowiaczek ci ja
ア ムイ コニク シヴィ ラジノ シェン ウヴィヤ
a mój konik siwy raźno się uwija.
ウヴィヤイ シェン ラジノ ビェシュ コピトカミ オグニャ クシェシュ
Uwijaj się raźno bież! kopytkami ognia krzesz!

明るい幸せ者のおいらは、クラクフ農民の子。

元気に跳ね回る葦毛は、おいらの馬っ子。

走れ、元気に跳ね回れ！　蹄打ちつけ火花を散らせ！

チャペチュカ チェルヴォナ ナ グウォヴィエ ミ プウォニェ
Czapeczka czerwona na głowie mi płonie.
ポカズイェ オナ ジェ ミ ゴレ ヴウォニェ
pokazuje ona, że mi gore w łonie;
ゴレ セルツェ ペンヂ コン ア ヂェフチナ クラスカ ヴドウォン
gore serce, pędzi koń, a dziewczyna klaska w dłoń. （×2）

おいらの頭にゃ炎のような真っ赤な角帽。

それはおいらの胸の内が熱いから。

心は燃え、馬は駆け、娘っ子は手拍ち鳴らす。（×2）

スチャプキ パヴィエ ピュロ バルヴァミ シェン ミェニ
Z czapki pawie pióro barwami się mieni
ヤク ヂョネク ザ フムロン グディ ゴ シフィト ズルミェニ
jak dzionek za chmurą gdy go świt zrumieni.
ドゥムニェ ブウィシュチ パヴィ プフ イ ヤ ドゥムニ イ ヤ ズフ
Dumnie błyszczy pawi puch, i ja dumny, i ja zuch.

帽子を飾る孔雀の羽が七色に閃くさまは、

曙が雲の向うの今日の日を染めるよう。

孔雀の羽は誇らしげに輝き、おいらも誇り高き利かん坊。

クラコヴィアチェク チ ヤ ペンヅェン ソビェ ジュヴァヴォ
Krakowiaczek ci ja pędzę sobie żwawo,
クト ムニェ ニェ ヴィミヤ プルネン フトファシュ クジャヴォン
kto mnie nie wymija plunę w twarz kurzawą,
ボ ヤ パン ボ ヤ クルル シルド ジェロニフ ニフ イ プル
bo ja Pan, bo ja król, śród zielonych niw i pól. （×2）

おいら、クラクフ農民の子、韋駄天走り、

おいらを避けぬ者の面には土埃りをお見舞いするぞ。

だっておいらは緑の野良と草っ原の殿様、王様。（×2）

フコウォ シュミ ズボジェ クワニャ ミ シェン クウォセム
Wkoło szumi zboże, kłania mi się kłosem,
キェディ ズビョレン ゾジェ ト ポブジェンクネン チショセム
kiedy zbiorę zorzę to pobrzęknę trzosem.
ア ヂェフチェンタ ツァウェイ フシ ベンドン シェン プシミラチ ミ
A dziewczęta całej wsi będą się przymilać mi

あたり一面、麦穂がさやぎ、こうべを垂れれば

おいらは刈入れ、耕し、やがて財布もじゃらじゃら鳴らす。

すれば村中の娘っ子たちがおいらのご機嫌取りだ。

イ タ イ タ ワドナ レチュ イフ プルジュネ ヘンチ
I ta, i ta ładna lecz ich próżne chęci.
オ ボチ ムニェ ユシュ ジャドナ ニェ ズヴァビ ニェ ズネンチ
o boć mnie już żadna nie zwabi, nie znęci!
イェドノ ティルコ セルツェ マム イェドノン ティルコ ハルケン ズナム
jedno tylko serce mam, jedną tylko Halkę znam. （×2）

どの娘もどの娘も可愛いが、無駄な望みは持たぬがいい。

なぜなら最早おいらは誰にもなびかぬ、誰にも惹かれぬ。

おいらの心はただ一つ、この目に見えるはハルカだけ。（×2）

6. Kukułka
カッコウ

曲：Stanisław Moniuszko
（スタニスワフ・モニューシュコ）
詞：Jan Czeczot
（ヤン・チェチョット）

6. Kukułka
（ククウカ）

カッコウ

詞：ヤン・チェチョット
訳：関口時正

Kukowała kukułeczka,
tuląc główkę do listeczka:
kto gniazdeczko mi uwije?
kto dziateczki me przykryje?
Słowik gniazdo mi uwije,
przepióreczka dziatki skryje,
przepióreczka skryje.

おつむを葉っぱに寄せながら、

カッコウがカコカコと鳴きました。

誰が私の巣をこしらえてくれる？

誰が私の子たちをかくまってくれる？

ナイチンゲールが私の巣をこしらえてくれるでしょう。

ウズラが子たちをかくまってくれるでしょう。

ウズラがかくまってくれるでしょう。

Miła Zosia łezki roni,
przykładając główkę k dłoni:
kto warkoczyk mój rozwije?
kto wianeczkiem mię okryje?
Brat rozwije splot warkoczy,
siostra wiankiem je otoczy,
wiankiem je otoczy.　×2

おつむをたなごころに載せながら、

かわいいゾシャがほろほろ涙を流します。

誰が私のおさげをほどいてくれる？

誰が私に花冠をかぶせてくれる？

弟がおさげをほどいてくれるでしょう。
妹が花冠をかぶせてくれるでしょう。　×2

花冠をかぶせてくれるでしょう。

Kukowała kukułeczka,
tuląc główkę do listeczka:
już mi więcej tu nie siadać
i gniazdeczka nie układać!
Zabrał sokoł me gniazdeczko,
wzięłaś dziatki przepióreczko,
wzięłaś przepióreczko.
Zapłakała Zosiuleńka,
tuląc główkę do okienka:
już nie będę tu siedziała
i wianeczków mych zwijała
Wziął braciszek me wianeczki,
a siostrzyczka u ploteczki,
wzięła u ploteczki.　×2

おつむを葉っぱに寄せながら、

カッコウがカコカコと鳴きました。

もう二度とここにはとまらない！

もう二度と巣も作って貰わない！

私の巣はハヤブサに持ち去られ、

ウズラよ、私の子たちを奪ったわね。

ウズラよ、奪ったわね。

おつむを窓に寄せながら、

ゾシャはおいおい泣きました。

もう二度とここに立ちはしないし、

自分の花冠を編むこともしないわ。

弟が私の花冠を奪い、
妹がリボンを奪っていった。　×2

リボンを奪っていった。

7. Staroć
老い

曲：Stanisław Moniuszko
　（スタニスワフ・モニューシュコ）
詞：Pierre Jean de Béranger
　（ピエール＝ジャン・ド・ベランジェ）
ポーランド語訳：Władysław Syrokomla
　（ヴワディスワフ・スィロコムラ）

7. Starość

老い

詞：ピエール＝ジャン・ド・ベランジェ
ポーランド語訳：ヴワディスワフ・スィロコムラ
訳：関口時正

Dzień po dzionku marnie schodzi,
czas na czole zmarszczki pisze,
chociaż jeszcze dosyć młodzi,
my starzejem, towarzysze!
Lecz kto lubi kwiatów sploty,
kto w młodzieńcze wierzy mary,
kto ma czucie swej istoty,
ten nie bardzo jeszcze stary. ｝×2

日一日と無意味に過ぎ、

時は額に皺を刻み、

まだ充分若いとはいえ、

われらは老いてゆくのだ、同志たち！

だが花を編むのを好む者は、

青年らしい夢を信ずる者は、

自らの存在を実感し得る者は、｝×2

まだまだ老人ではないぞ。

Próżno winem człek się świeży,
i piosenką bezprzytomną:
krasawice przy wieczerzy
smutną starość nam przypomną;
lecz do świtu kto w humorze
bez ustanku chyli czary,
kto choć drżący śpiewać może,
ten nie bardzo jeszcze stary. ｝×2

たわいない唄や酒で

気を紛らせても詮無いこと。

晩餐に侍る別嬪さんらは

われらの悲しい老いを想い起こさせるだけ。

だが夜が明けるまで上機嫌で

休みなく盃を傾ける者は、

身は震えながらも歌うことができる者は、｝×2

まだまだ老人ではないぞ。

Zwolennicy ideałów
dziś nie spełnim, co się marzy;
towarzyszki naszych szałów
przymawiają żeśmy starzy;
lecz kto skromnie się udziela,
kto się słusznej dzierżąc miary
ma w kochance przyjaciela,
ten nie bardzo jeszcze stary
kto ma w kochance przyjaciela
ten nie bardzo jeszcze stary.

われら理想の信奉者も、

今や、夢見たことの実践は敵わない。

情熱をともにしてきた女同志たちも、

われらが老いたと非難がましい。

だが人づき合いを控え目にする者は、

正しい節度を弁えて

愛する女を友に持つ者は、

まだまだ老人ではないぞ。

愛する女を友に持つ者は、

まだまだ老人ではないぞ。

Dzisiaj młodzież choć nam wróży

naszą starość niezawodną,

że natchnienie nam nie służy,

że piosenki nasze chłodną;

lecz kto czuje duch śpiewaczy,

zdoła jąć się stroń cytary,

zebrać w kółko swych słuchaczy,

ten nie bardzo jeszcze stary;

kto ma jeszcze swych słuchaczy,

ten nie bardzo jeszcze stary.

Jeszcze chwilkę, towarzysze,

wiosny pieśćmy się obrazem,

a gdy młodość nie dopisze,

postarzejem wszyscy razem;

lecz kto głowy nie kłopota

choć ma ciężkich trosk bez miary

kto doścignął cel żywota,

ten nie bardzo jeszcze stary. } ×2

今では若者たちに、

われらの老いは避けがたしと

霊感もわれらの役には立たず、

われらの唄は冷えゆくだけと言われるが、

歌い手 魂 を未だ忘れず、

ツィターを掻き鳴らすことができ、

自分の音楽に耳傾ける人々を集め得る者は、

まだまだ老人ではないぞ。

その者に耳傾ける人々がいる限り、

まだまだ老人ではないぞ。

今暫し待て、同志たちよ、

春の姿を楽しもうじゃないか、

若さの助けがなくなれば、

皆一緒に老いてゆくまで。

だが、はてしない苦労がありながらも、

思い煩うことのない者は、

人生の目標を達成した者は、

まだまだ老人ではないぞ。 } ×2

8. Pieszczotka
甘えんぼさん

曲：Stanisław Moniuszko
（スタニスワフ・モニューシュコ）
詞：Adam Mickiewicz
（アダム・ミツキェーヴィチ）

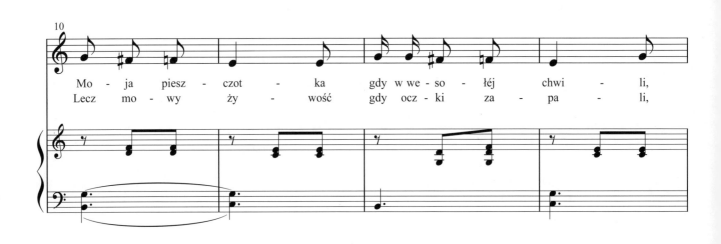
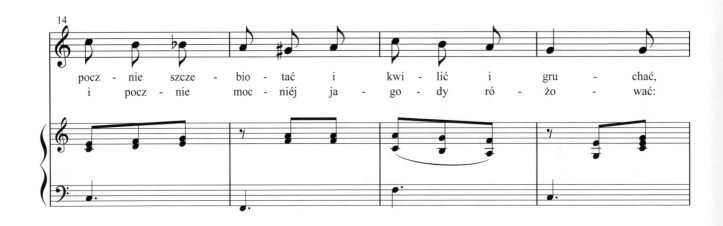

8. Pieszczotka
ピェシュチョトカ

甘えんぼさん

詞：アダム・ミツキェーヴィチ
訳：関口時正

モヤ　ピェシュチョトカ　グディ　ヴヴェソウェイ　フフィリ
Moja pieszczotka gdy w wesołéj chwili,

ポチュニェ　シュチェビョタチ　イ　クフィリチ　イ　グルハチ
pocznie szczebiotać i kwilić i gruchać,

タク　ミレ　グルハ　シュチェビョツェ　イ　クフィリ
tak mile grucha, szczebioce i kwili,

ジェ　ニェ　フツォンツ　スウフカ　ジャドネゴ　ポストラダチ
że nie chcąc słówka żadnego postradać,

ニェ　シミェム　プシェリヴァチ　ニェ　シミェム　オトポヴィアダチ
nie śmiem przerywać, nie śmiem odpowiadać,

イ　ティルコ　フチャウビム　スウハチ　スウハチ　スウハチ
i tylko chciałbym słuchać, słuchać, słuchać,

イ　ティルコ　フチャウビム　スウハチ　スウハチ
i tylko chciałbym słuchać, słuchać

イ　ティルコ　フチャウビム　スウハチ
i tylko chciałbym słuchać.

僕の可愛い甘えんぼさん、御機嫌よくて、

ツピツピ、チリチリ、クークー囀りだせば、

そのクークー、ツピツピ、チリリのあまりの愛らしさに、

一言だって聞きもらすまいとする僕は、

うっかりと口も挟めず、返事もできない、できやしない。

聞いていたい、聞いていたい、ただ聞いていたいだけ。

聞いていたい、ただ聞いていたいだけ。

ただ聞いていたいだけ。

レチュ　モヴィ　ジヴォシチ　グディ　オチュキ　ザパリ
Lecz mowy żywość gdy oczki zapali,

イ　ポチュニェ　モツニェイ　ヤゴディ　ルジョヴァチ
i pocznie mocniéj jagody różować:

ペルウォヴェ　ゾンプキ　ブウィスノン　シルト　コラリ
perłowe ząbki błysną śród korali,

アフ　フテンチャス　シミェレイ　ヴォチェンタ　ポグロンダム
ah! wtenczas śmieléj w oczęta poglądam,

ウスタ　ポミカム　イ　スウハチ　ニェ　ジョンダム
usta pomykam i słuchać nie żądam,

ティルコ　ツァウォヴァチ　ツァウォヴァチ　ツァウォヴァチ
tylko całować, całować, całować,

ティルコ　ツァウォヴァチ　ツァウォヴァチ
tylko całować, całować,

アフ　ティルコ　ツァウォヴァチ　ツァウォヴァチ
ach! tylko całować, całować.

けれども話が熱おび、眼を輝かせ、

林檎の頬をいよいよ紅く染め、

真珠の歯が珊瑚の唇の奥にきらめく時、

ああ！　その時僕は思い切ってその眼を見つめ、

口突き出して求めよう、言葉ではなく、

口づけを、口づけを、ただ口づけだけを。

口づけを、ただ口づけだけを。

ああ！　口づけを、ただ口づけだけを。

9. Triolet
トリオレ

曲：Stanisław Moniuszko
（スタニスワフ・モニューシュコ）
詞：Tomasz Zan
（トマシュ・ザン）

9. Triolet

トリオレ

詞：トマシュ・ザン
訳：関口時正

Komu ślubny splatasz wieniec,
Z róż, lilii i tymianka?
Ach! jak szczęśliwy młodzieniec
Co mu ślubny splatasz wieniec,
Pewno dla twego kochanka.
Wydadzą łzy i rumieniec,
Komu ślubny splatasz wieniec,
Z róż, lilii i tymianka.（×2）

Jednemu oddajesz wieniec
Z róż, lilii i tymianka;
Kocha cię drugi młodzieniec,
Ty jednemu oddasz wieniec;
Zostawże łzy i rumieniec
Dla nieszczęsnego kochanka,
Gdy szczęśliwy bierze wieniec,
Z róż, lilii i tymianka.（×2）

君が編むその婚礼の花冠は誰のもの？

薔薇と百合と麝香草の冠は‥‥

ああ！　君が婚礼の花冠を編んでやる

相手の若者は何と幸せなこと。

きっとそれは君の恋人。

その涙と羞じらう頬の色が明かしてくれる、

君が編むその婚礼の花冠は誰のもの‥‥

薔薇と百合と麝香草の花冠は。（×2）

薔薇と百合と麝香草で編んだ婚礼の

花冠を君は一人の若者にやる。

別の若者も君を愛しているけれど、

花冠は一人だけにやるがいい。

その涙と羞じらう頬の色は残してやるがいい

不幸せな恋人のために。

幸せな若者は貰えるのだから、

薔薇と百合と麝香草の花冠を。（×2）

10. Nawrócona
ナヴルツォナ

ヴィエチョレム ペヴネゴ チャス
Wieczorem pewnego czasu

シュワム サマ オコウォ ラス
szłam sama około lasu,

ナ フレチェ グラウ ダモン トクリヴィエ
na flecie grał Damon tkliwie,

ポ ツァウェイ ゴ スウィハチ ニヴィエ
po całej go słychać niwie,

ララ ララ ララララララ
la la! la la! la la la la la la.

プシネンチウ ミェン オシミェロニ
Przynęcił mię ośmielony,

ツァウォヴァウ ミェン ベス オブロニ
całował mię bez obrony;

ムヴィワム ム ポグライ フフィレン
mówiłam mu: pograj chwilę!

イ ザグラウ ミ バルヅォ ミレ
i zagrał mi bardzo mile,

ララ ララ ララララララ
la la! la la! la la la la la la.

ズギネウィ スフォボディ モイェ
Zginęły swobody moje,

オドビェグウィ ミェン ユシュ ポコイェ
odbiegły mię już pokoje,

イ ニグディ ト ルベ グラニエ
i nigdy to lube granie

ブジュミェチ ヴシャフ ミ ニェ プシェスタニェ
brzmieć w uszach mi nie przestanie,

ララ ララ ララララララ
la la! la la! la la la la la la.

なびいた娘

詞：ヨハン・ヴォルフガング・フォン・ゲーテ
ポーランド語訳：カジミェシュ・ブロジンスキ
訳：関口時正

ある日の夕まぐれ

森のほとりを一人行くと

ダモンが切々と横笛を吹いていました。

畑一面に響きわたるそのメロディ——

ララら、ララら‥‥

大胆にも、彼は私をおびき寄せ、

無防備な私に接吻しました

私は彼に言いました——「笛を吹いて！」

彼はそれは優しく奏でてくれました——

ララら、ララら‥‥

私の自由はなくなり、

平穏な時間はもはや去り

私の耳の中のこの愛しい調べが

鳴りやむことも決してありません——

ララら、ララら‥‥

10. Nawrócona
なびいた娘

曲：Stanisław Moniuszko
（スタニスワフ・モニューシュコ）
詞：Johann Wolfgang von Goethe
（ヨハン・ヴォルフガング・フォン・ゲーテ）
ポーランド語訳：Kazimierz Brodziński
（カジミェシュ・ブロジンスキ）

11. Znasz-li ten kraj?

君よ知るや彼の国を

詞：ヨハン・ヴォルフガング・フォン・ゲーテ
ポーランド語訳：アダム・ミツキェーヴィチ
訳：関口時正

Znaszli ten kraj,

君よ知るや彼の国を、

gdzie cytryna dojrzewa,

檸檬の実り、

pomarańcz blask

オレンジの輝きが

zielone złoci drzewa?

緑の樹々を照らす彼の国を、

gdzie wieńcem bluszcz

蔦の冠

ruiny dawne stroi,

古えの廃墟を装い、

gdzie buja laur

月桂樹は繁茂し、

i cyprys cicho stoi?

糸杉の静かに佇む彼の国を？

znaszli ten kraj?

　君よ知るや彼の国を？

ach tam o moja miła

　ああ、彼の地こそ、わが愛しき人よ！

tam był mi raj!

彼の地こそわが天国なりき、

tam był mi raj

彼の地こそわが天国なりき、 }×2

pókiś ty ze mną była!

君とともに在りし限りは！ }×2

 }×2

Znaszli ten gmach,

君よ知るや彼の館を、

gdzie wielkich sto podwoi,

百千の大いなる扉、

gdzie kolumn rząd

列なす柱の数々と

i tłum posągów stoi,

神像の群れの佇む館を、

a wszystkie mnie

そのすべてが我を

witają twarzą białą?

「われらが巡礼者よ、汝は

pielgrzymie nasz,

ああ、一体どうしたのか！」

ach! co się z tobą stało!

と、蒼白き顔もて迎える館を？

znaszli ten kraj?

　君よ知るや彼の国を？

ach tam o moja miła

　ああ、彼の地こそ、わが愛しき人よ！

tam był mi raj!

彼の地こそわが天国なりき、

tam był mi raj

彼の地こそわが天国なりき、 }×2

pókiś ty ze mną była!

君とともに在りし限りは！ }×2

 }×2

Znaszli ten brzeg,

君よ知るや彼の崖を、

gdzie po skalistych górach

険しき岩山の上

strudzony muł

疲れ果てし騾馬が

swej drogi szuka w chmurach!

雲の中に道を探す断崖を、

gdzie w głębi jam

洞穴深く

płomieniem wrą opoki,

炎となりて巌の滾り、

a z wierzchu skał

w kaskadach grzmią potoki?

znaszli ten kraj?

ach tam o moja miła

tam byłby raj!

tam byłby raj

gdybyś ty ze mną była!

×2

岩の上より水の

瀑布となりて轟き落つる断崖を？

君よ知るや彼の国を？

ああ、彼の地こそ、わが愛しき人よ！

彼の地こそわが天国ならん！

彼の地こそわが天国ならん、

君の吾とともに在りせば！

×2

12. Polna różyczka
野薔薇

曲：Stanisław Moniuszko
（スタニスワフ・モニューシュコ）
詞：Johann Wolfgang von Goethe
（ヨハン・ヴォルフガング・フォン・ゲーテ）
ポーランド語訳：Józef Grajnert
（ユゼフ・グライネルト）

12. Polna różyczka

Ujrzał chłopiec z polnych wzgórz
różyczkę śród żyta,
młodą, lśniącą blaskiem zórz;
pobiegł szybko, stanął już,
i z radością wita:
Róża! róża czerwona!
różyczka śród żyta!

Chłopiec rzecze: zerwę cię,
różyczko śród żyta!
Róża rzecze: nie, o nie!
ja kłuć umiem, strzeż się mnie,
mnie się nikt nie chwyta!"
Róża! róża czerwona!
różyczka śród żyta.

Więc serdeczny żal go zdjął,
taki żal tej różyczki śród żyta!
więc kolana przed nią zgiął
i z pól dzikich do dom wziął,
jak królowę wita.
Róża! róża czerwona!
różyczka śród żyta.

野薔薇

詞：ヨハン・ヴォルフガング・フォン・ゲーテ
ポーランド語訳：ユゼフ・グライネルト
訳：関口時正

少年が丘の上から見たものは

ライ麦畑に咲く一本の薔薇。

朝焼けの光に輝くいとけない薔薇。

少年は急いで駆け寄って、

嬉しそうに声上げた。

薔薇だ！　真っ赤な薔薇だ！

ライ麦畑の中の薔薇！

少年は言う――「摘んであげよう、

ライ麦畑の中の薔薇よ！」

薔薇は言う――「とんでもない！

わたしは刺します。気をつけて。

わたしを摑むことは誰にもできない」

薔薇だ！　真っ赤な薔薇だ！

ライ麦畑の中の薔薇！

ライ麦にまじったその薔薇を

心底不憫に思った少年は

薔薇の前にひざまずき、

彼女を野から家へと連れ帰り、

女王様のようにもてなした。

薔薇だ！　真っ赤な薔薇だ！

ライ麦畑の中の薔薇！

13. Czaty
狙撃

曲：Stanisław Moniuszko
（スタニスワフ・モニューシュコ）
詞：Adam Mickiewicz
（アダム・ミツキェーヴィチ）

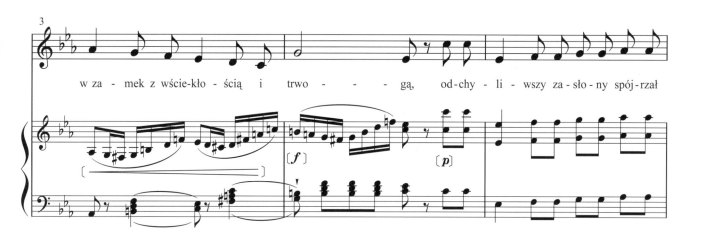

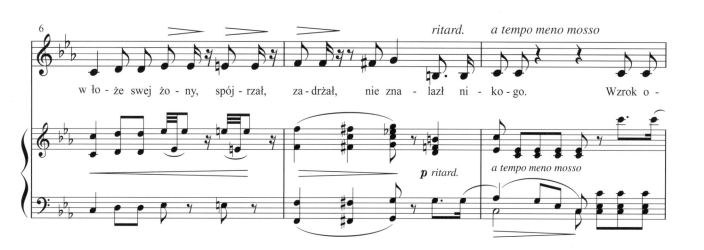

13. Czaty

狙撃

詞：アダム・ミツキェーヴィチ
訳：関口時正

Z ogrodowej altany, Wojewoda zdyszany
bieży w zamek z wściekłością i trwogą,
odchyliwszy zasłony spójrzał w łoże swej żony,
spójrzał, zadrżał, nie znalazł nikogo.

庭の四阿から、領主が息切らし、

怒り、案じ、城内に駆け込み、

妻の寝台の帳をめくり、覗き込んだ。

覗き込んで、わなないた。床はもぬけの殻だった。

Wzrok opuścił ku ziemi i rękami drżącemi
siwe wąsy pokręca i duma.
wzrok od łoża odwrócił, w tył wyloty zarzucił
i zawołał kozaka Nauma.

目を伏せ、震える両の手で

白い口髭ひねり、思案する。

寝台から目を背け、コントゥシュ*2の袂を肩に投げ、

コサックのナウムを呼んだ。

„Hej kozacze ty chamie, czemu w sadzie przy bramie
nie ma nocą ni psa, ni pachołka!
Weź mą torbę borsuczą i janczarkę hajduczą
i mą strzelbę gwintówkę zdejm z kołka."

「おい、コサック、この愚図め、なぜ庭の門を

夜間に見張る番犬も番人も居らぬ？

わしの狩猟鞄と鉄砲を持ち、

わしの施条銃も準備しろ」

Wzięli bronie, wypadli, do ogrodu się wkradli,
kędy szpaler altanę porasta
Na darniowém siedzeniu, coś bieleje się w cieniu:
to siedziała w bieliźnie niewiasta.

二人は武器を手に城を飛び出し、庭に忍び入り、

植え込みに沿って四阿へ向かった。

闇の中、腰掛けに何やら白いものが仄見える。

坐っていたのは下着姿の一人の女子。

jedną ręką swe oczy kryła w puklach warkoczy
i pierś kryła pod rąbek bielizny;
drugą ręką od łona odpychała ramiona
klęczącego u kolan mężczyzny.

下げ髪を片手で両眼におしあて、

胸は下着の端で隠しているが、

もう片方の手で、膝前に跪く男の腕を

自分の腹から押し退けていた。

Ten ściskając kolana mówił do niej. „Kochana!
więc już wszystko, jam wszystko utracił?
nawet twoje spójrzenie, nawet ręki ściśnienie,
Wojewoda już z góry zapłacił.

女の膝を抱き締め、男は言った――「愛しい人！

では最早全てを、私は全てを失ったのか？

貴女の眼差しですら、貴女の手を握る権利すら、

領主に金で買われてしまったのだな。

---

*2 ポーランド士族の男性が着た独特な衣裳。和服の長着に似ていて、幅広の帯で締める。深い切れ込みのある袖を肩から後ろに預けて腕を出すことができた。

Ja choć z␣takim zapałem tyle lat cię kochałem,

będę kochał i jęczał daleki;

on nie kochał, nie jęczał, tylko trzosem zabrzęczał,

tyś mu wszystko oddała na wieki.

長い歳月、あれほど心をこめて貴女を愛してきた

私はこれからも、遠くにいて愛し、苦しむだろう。

奴は愛さず、苦しみもせず、ただ金に物言わせただけ。

貴女は全てを奴の手に、永遠に委ねてしまった。

Co wieczoraż on będzie, tonąc w␣puchy łabędzie,

stary łeb na twém łonie kołysał

i z␣twych liców rumianych, i z␣twych ustek różanych

mnie wzbronione rozkosze wysysał!

毎夜毎夜、奴は白鳥の羽毛にくるまれて、

貴女の胸を枕に、老いた頭を揺らしては、

貴女の脹らめた頬から、貴女の薔薇色の唇から、

私には禁じられた悦楽を吸い、貪るのだ！

Ja na wiernym koniku, przy księżyca promyku,

biegnę do cię przez deszcze i słoty,

by cię witać spójrzeniem, by pożegnać życzeniem

dobrej nocy i długiej pieszczoty!

dobrej nocy i długiej pieszczoty!"

私は忠実な馬に跨り、月明かりを頼りに、

雨が降ろうと何が降ろうと、貴女の許へ駆けつけよう、

貴女をひと目見て、別れの挨拶にはこう言うために——

安らかな夜と長い愛撫を楽しむがよい！

安らかな夜と長い愛撫を楽しむがよい！——と」

Ona niby nie słucha, on jej szepce do ucha

nowe skargi czy nowe zaklęcia,

aż wzruszona, zemdlona, opuściła ramiona

i schyliła się w␣jego objęcia.

女は聴いているのか、男が耳元に囁くのは

新たな嘆きか新たな呪詛か。

やがて女は心打たれ、失神し、腕はだらりと垂れ、

身は傾いて、男に抱かれた。

Wojewoda z␣kozakiem przyklęknęli za krzakiem

i dobyli zza pasów naboje

i odgryźli zębami i przybili sztęflami

prochu garść i grankulek we dwoje.

繁みの背後に膝突く領主とコサック、

帯の下から弾薬を取り出し、

包みを歯で噛み切り、込め矢でもって

一握りの火薬、二個の弾丸を押し込めた。

„Panie! Kozak powiada, jakiś bies mię napada,

ja nie mogę zastrzelić tej dziewki,

gdym półkurcze odwodził, zimny dreszcz mię przechodził

i stoczyła się łza do panewki."

「お館様！」——コサックは言う——「何やら悪霊が

おらを苦しめるで、おら、あの女子は撃てねえだ。

撃鉄を引くうち、悪寒が走って、

涙が火皿にこぼれちまっただ」

„Ciszej plemię hajducze ja cię płakać nauczę
masz tu z prochem leszczyńskim sakiewkę,
podsyp zapał co żywo sczyść paznokciem krzesiwo,
potem palnij w ten łeb, lub w tę dziewkę.

Wyżej! w prawo! pomału! czekaj mego wystrzału!
pierwiej musi dostać w łeb pan młody!"
Kozak odwiódł wycelił, nie czekając wystrzelił
i ugodził w sam łeb Wojewody.

「黙れ、この薄のろが、わしがお前に泣き方を教えてやる。

このレシュノ*3産の火薬の袋を渡すから、点火孔に

火薬を入れ、火打ち金を爪でしっかりきれいにして、

それから頭なり、あの女子なりを狙って撃つんだ。

もっと上！　右だ！　ゆっくり！　わしが撃つのを待て！

まず若殿*4の頭をぶち抜いてからだ！」

コサックは撃鉄を引き、狙い、待たずに撃った

すると弾は他ならぬ領主の頭に命中した。

---

*3 ポーランドの町の名。

*4 領主は妻の恋人を指して pan młody（若い殿）という言葉を使ったのだが、文字通りには「士族の若い男性」を意味するこの連語には、慣用的熟語として「花婿」の意味もあり、コサックは結婚したばかりの領主も花婿なので、その頭を狙った。

14. Do Niemna

ニェメン河に[*5]

詞：アダム・ミツキェーヴィチ
訳：関口時正

<small>ニェムニェ　ドモヴァ　ジェコ　モヤ　グヂェ　ソン　ヴォディ</small>
Niemnie, domowa rzeko moja! gdzie są wody,
<small>クトゥレ　ニェグディシ　チェルパウェム　ヴニェモヴレンツェ　ドウォニェ</small>
które niegdyś czerpałem w niemowlęce dłonie;
<small>ナ　クトゥリフ　ポテム　ヴヂキェ　プウィヴァウェム　ウストロニェ</small>
na których potém w dzikie pływałem ustronie,
<small>セルツ　ニェスポコイネム　シュカヨンツ　オフウォディ</small>
sercu niespokojnemu szukając ochłody. (×2)

ニェメンよ、わがふるさとの河よ！

まだ赤ん坊だったこの掌に掬った水はどこだ。

長じては、人気ない渚を求め、泳いでいった水はどこ、

騒ぐ心のほとぼりを冷まそうと泳いだ水は。(×2)

<small>トゥ　ラウラ　パチョンツ　スフルボン　ナ　チェン　スフェイ　ウロディ</small>
Tu Laura, patrząc z chlubą na cień swej urody,
<small>ルビワ　ヴウォス　ザプラタチ　イ　ザクフィエツァチ　スクロニェ</small>
lubiła włos zaplatać i zakwiecać skronie;
<small>トゥ　オブラス　イェイ　マロヴニ　フスレブルネイ　ファリ　ウォニェ</small>
tu obraz jej malowny w srebrnej fali łonie
<small>ウザミ　ニェラス　モンチウェム　ザパレニェツ　ムウォディ</small>
łzami nieraz mąciłem, zapaleniec młody.

この岸辺で、ラウラはわが姿の影を誇りかに眺め、

髪を編み、額を花で飾ることを好んだものだった。

この岸辺で、銀色の波の奥に描かれた彼女の姿を、

若く情熱的だった僕は、時に涙で濁したものだった。

<small>ニェムニェ　ドモヴァ　ジェコ　グヂェシュ　ソン　タムテ　ズドロイェ</small>
Niemnie, domowa rzeko, gdzież są tamte zdroje,
<small>ア　ズニェミ　ティレ　シュチェンシチャ　ズニェミ　ナヂェイ　タク　ヴィエレ</small>
a z niémi tyle szczęścia, z niémi nadziei tak wiele?
<small>ケンディ　イェスト　ミウェ　ラテク　ヂェチンニフ　ヴェセレ</small>
Kędy jest miłe latek dziecinnych wesele?

ニェメンよ、ふるさとの河よ、あの源は、泉はどこだ、

そこに汲んだあれ程の幸せ、あれ程多くの望みはどこ？

子供時代の懐かしき喜ばしさはいずこ？

<small>グヂェ　ソン　ミルシェ　ブジュリヴェゴ　ヴィエク　ニェポコイェ</small>
gdzie są milsze burzliwego wieku niepokoje?
<small>ケンディ　イェスト　ラウラ　モヤ　グヂェ　ソン　プシヤチェレ</small>
Kędy jest Laura moja, gdzie są przyjaciele?
<small>フシストコ　プシェシュウォ　ア　チェムシュ　ニェ　プシェイドン　ウズィ　モイェ</small>
Wszystko przeszło, a czemuż nie przejdą łzy moje!

さらに懐かしい、嵐のような時代の不安はどこだ？

わがラウラはいずこ、朋友たちはどこ？

何もかも過ぎ去って、僕の涙だけはなぜ過ぎ去らぬ！

[*5] 原作の文学的翻訳は、《ポーランド文学古典叢書》第2巻『ソネット集』（アダム・ミツキェーヴィチ著、久山宏一訳、未知谷刊2013年初版）24～25頁にある。ニェメンはポーランド語で、リトアニア語でネムナス、ベラルーシ語でニョマン、ドイツ語でメーメル。かつてのリトアニア大公国主要河川の一つ。主として現在のリトアニア共和国とベラルーシ共和国を流れ、総延長は937キロ。大きく蛇行し、多くの支流を持つ。

モニューシュコの生涯と作品

平岩理恵

「ポーランド国民オペラの父」としてポーランドで教育を経た者なら誰でもその名を知る作曲家でありながら、一歩国外に出るとほとんど存在すら知られていないモニューシュコ。その最大の理由は彼の創作活動の中心が亡国の最中の「ポーランド人」に向けた、ポーランド語を用いた声楽作品だったというところにある。まずは彼の生い立ちと作品を概観してみたい。

誕生から少年時代

スタニスワフ・モニューシュコ(Stanisław Moniuszko, 1819-1872. 幼少時の呼称はスタシ)は現ベラルーシのミンスク郊外の村ウビェルで誕生した。父チェスワフ(Czesław, 1790-1870)は芸術を非常に愛好し、自身もアマチュア画家だった。母エルジュビェタ(Elżbieta, ?-1850)も芸術センスに優れ、歌唱やピアノ演奏に秀でていた。幼いスタシにピアノを手ほどきしたのはまさにこの母親である。

モニューシュコの家系はもともとポドラシェ地方の弱小シュラフタで、祖父スタニスワフの世代にリトアニアに移り住み、大きな富を築いた。なおここで言う「リトアニア」とは現代のリトアニア共和国と同義ではなく、全盛期には現在のベラルーシやウクライナのかなりの部分を含むような広大な領土を支配したリトアニア大公国(1569年以降ポーランド王国との連合の結果ポーランド・リトアニア共和国となり、1795年の第三次ポーランド分割でロシア帝国に併合され地図上から姿を消す)を指し、そこには支配層としてポーランドの士族(シュラフタ)が多く住んだ。その首都にあたるヴィリニュスはポーランド語でヴィルノと呼ばれ、本歌曲集においてもこの呼称を用いている。

モニューシュコ一族は社会情勢、学問芸術への関心が高く、愛国主義的なことで知られていた。息子たち(祖父スタニスワフには10人の子があった)の中には同時期にアダム・ミツキェーヴィチ[1]も学んだヴィルノ大学で学問を修めた者がいるほか、チェスワフを含め兄弟のほとんどはナポレオン戦役に加わった。農民の啓蒙をライフワークとした者、屋敷

であらゆる身分の者を招いて芝居を上演・鑑賞させた演劇人、法学の博士号に加え広範な学問的関心や知識を持ち、後にスタシの家庭教師役を務めた者など、幼少期のスタシの人格形成に大きな影響を与えたこれらおじの存在は重要である。

ウビェルの屋敷には作家や音楽家など文化人も多く訪れた。また当時多くのポーランド人家庭で愛されていたユリアン・ウルスィン・ニェムツェーヴィチ(Julian Ursyn Niemcewicz, 1758-1841)の《歴史歌集》(*Śpiewy historyczne*, 1816)がよく歌われた。収められた33篇の詩はそれぞれ歴代のポーランド王、指導者らの偉業や勇敢さを讃えた愛国的なもので、F. レッセル(Franciszek Lessel, 1780-1838)、K. クルピンスキ(Karol Kurpiński, 1785-1857)、M. シマノフスカ(Maria Szymanowska, 1789-1831)といった19世紀初頭を代表する作曲家らによる音楽が付けられていた。親しみやすい旋律と民族の誇りを喚起させる内容から、19世紀を通じて広く親しまれ一種のポーランド史の教科書として機能した。スタシも日々これを聴き、歌って育った。また彼は農民たちによる民謡や舞

---

*[1] Adam Mickiewicz (1798-1855):ポーランド最大のロマン主義詩人。現ベラルーシ領内で生まれ、1815〜19年、ヴィルノ大学で学ぶ。愛国主義的な秘密結社との関わりがもとでロシアに追放され、各地を転々とする中で『父祖の祭』(*Dziady*, 1823)の一部や『クリミア・ソネット』(*Sonety krymskie*, 1826)を書く。29年以降ドイツ、イタリアを経て32年にはパリに本拠を置き、『パン・タデウシュ』(*Pan Tadeusz*, 1834)などを発表。ワルシャワやクラクフといったポーランドの中心的都市には足を踏み入れたこともなかったが、彼がポーランド語でものした作品群が同胞たち、さらにはスラヴ諸国民に与えた影響ははかりしれない。ショパンを含めポーランド人を中心に多くの音楽家が彼の詩に曲を書いており、モニューシュコにも20以上の独唱歌曲・合唱曲がある。本歌曲集ではその一部を紹介した。ミツキェーヴィチについてはポーランド声楽曲選集第1巻《ショパン歌曲集》の解説(91頁)にも詳しい。

曲などにも興味を示した。こうした環境は間違いなく後のスタニスワフの社会的・芸術的志向に大きく影響したといえる。

1827年夏、子どもたちにより良い教育環境をと一家はワルシャワに居を移した。翌年から住んだスタシツ宮はニェムツェーヴィチの牽引する学友協会が拠点を置いた場所で、モニューシュコ家にも多くの文化人が訪れた。スタニスワフは5人の家庭教師に勉強を教わりながら、啓蒙的な教育方針で知られたピアリスト会ギムナジウムへ通い、音楽はオルガンの名手アウグスト・フレイエルのもとでピアノと楽典の基礎を学んでいる。しかしこの頃のスタニスワフは優れた耳こそ持っていたがいわゆる神童と呼ばれるような音楽的才能を見せていたわけではなかった。

1830年夏、家計の逼迫などから一家はワルシャワを引き払いミンスクに移り住んだが、この苦渋の決断が幸いし数ヵ月後にワルシャワで起こる十一月蜂起の混乱には巻き込まれずにすんでいる。1834年、ミンスクのギムナジウムで6年生を終えると彼は学校を辞めている。病弱さを理由にしたが、十一月蜂起後の強力なロシア化政策による学校体質の変化ゆえと考える方が自然である。その後彼の教育を引き受けたのは博学のおじカジミェシュだった。ピアノも当時のミンスクで一番といわれた師について習い続けた。

1836年はスタニスワフにとって人生の大きな節目となった。数ヵ月にわたっておじのアレクサンデルとともにヴィルノに滞在し、ミンスクとは比べ物にならないほど文化的に豊かな同地で毎日のように演奏会、オペラ、演劇に通う。折しもW. シュミットコフ率いるドイツ・オペラ団による公演のシーズン中で、ヴェーバー《魔弾の射手》、《オベロン》、ベッリーニ《ノルマ》、ロッシーニ《ウィリアム・テル》、《セビリアの理髪師》、オーベール《フラ・ディアヴォロ》、モーツァルト《後宮よりの逃走》など数々のオペラ作品に接する機会に恵まれた。舞台作品に対する生涯にわたる関心はこれを機に始まったといえる。ヴィルノのミレル家に滞在中、スタニスワフは同家の娘で一歳年下のアレクサンドラと知り合う。二人はたちまち互いに惹かれ合い、結婚を望むようになった。

ベルリン留学から職業音楽家へ

1837年秋、モニューシュコはベルリンに出立すると、ジングアカデミーの学長カール・フリードリヒ・ルンゲンハーゲン (Carl Friedrich Rungenhagen, 1778-1851) のもと、和声・対位法・楽器法・指揮法についてプライベートレッス

ンを受けた。また歌い手の伴奏や合唱指導に携わりながら実践的な音楽経験を重ねつつ作曲にも打ち込んで、独唱歌曲や合唱曲、各種楽器のための独奏曲などおびただしい数の作品を書いた。ベルリン留学中にもモニューシュコは演奏会や舞台上演に足繁く通い、音楽を全身で感じ体得した。当時の有名な演奏家とも面識を持ち、その演奏に触れるチャンスも多くあった。

1838年には彼にとって初めての出版作品《三つの歌》(Trzy śpiewy. ミツキェーヴィチ詞) が世に出ると、当時の有力紙上に好意的な批評が掲載された。その後も同詩人の詩による歌曲二作品が出版されるなど、3年間の留学時代に書かれた作品に見るべきものは多い。

同じ年のうちにスタニスワフとアレクサンドラはヴィルノで結婚式を執り行う。結婚の条件はスタニスワフが何らかの職を持つことだった。このとき彼はいくつかの演奏会を自主企画し、一人前の音楽家であることを示している。当時まがりなりにもシュラフタ階級の出身者が音楽家になること、つまり音楽のみで生計を立てることは極めて異例だったが、モニューシュコは自らの強い意志でその道を選択した。定職として聖ヤン教会のオルガニストを務め、収入の安定のため音楽の個人指導も行った (教え子の中にはロシア5人組の一人キュイやヤン・カルウォーヴィチ (息子ミェチスワフの歌曲は本声楽曲選集第3巻に収められている) などもいた)。生活は常に苦しかったが、モニューシュコはすっかり低迷していたヴィルノの音楽生活を活性化するべく精力的な作曲活動を行っている。

1840年以降、彼の初期の舞台作品であるヴォードヴィル、オペレッタのほか数々の歌曲が生み出された。やがて歌曲集に編纂し出版する意図を持って少しずつ作りためていたのである。この出版構想を実現させるため、そしてより実入りの良い仕事を得るため、1842年夏、モニューシュコはペテルブルクを訪れている。歌曲集の出版について検閲当局の許可を取り付けることはできた一方で、家計の助けとなるべき仕事は見つからないまま帰国の途に就いた。

1843年の終わり、《家庭愛唱歌集》(Śpiewnik domowy) 第1巻が出版された。各紙上には歌曲集を積極的に評価する記事が掲載された (詳細は【モニューシュコの歌曲】参照)。書き手の一人ユゼフ・シコルスキ (Józef Sikorski, 1813-1896) は当時のワルシャワを代表する音楽評論家であり、この批評を契機にモニューシュコは彼と親交を持つようにな

る。その後《家庭愛唱歌集》は第6巻までが作曲家の存命中に（没後にもさらに6巻）出版され、《歴史歌集》同様、ポーランド人の間で大変な人気を博した。今日なお歌い継がれている歌曲も数多く、本歌曲集ではその中から14作品を選び紹介している。

1846年7月、モニューシュコは妻とともに、音楽家になってからは初めてワルシャワに赴く。自身のオペレッタ《富くじ》(Loteria)が同地の大劇場テアトル・ヴィエルキ (Teatr Wielki) で上演されるのに合わせてのことだったが、間もなく取り組むべき本格的オペラの台本作家探しという目的もあった。これまでにモニューシュコが書いてきた舞台作品は娯楽的なものばかりであり、よりシリアスで劇的な作品を書きたいという音楽家としての欲求は次第に高まっていた。しかしまだ有名にはほど遠いモニューシュコのために台本を書いてくれる作家は現れていなかった。

シコルスキの紹介により数々の社交場や劇場に足を運び、多くの知識人、作曲家、作家などと有益な親交を結んだ。折も折、サロンでは1846年2月に起きたクラクフ蜂起をめぐる熱い議論が交わされていた。モニューシュコは急進派文化人のグループと親交を深めるうち、ヴウォジミエシュ・ヴォルスキ (Włodzimierz Wolski, 1824-1882) と知り合う。そして彼の未出版の作品を読むなりその台本化を依頼、数ヵ月後、1847年の夏には早くも2幕物の歌劇、《ハルカ》(Halka, ヴィルノ版) のスコアが完成している。物語の舞台はポーランド南部の山村。村娘ハルカは領主ヤヌシュの一時の遊び相手にされたにすぎないが、捨てられてなお一途な想いを断ち切れない。彼女を想う村の青年ヨンテックの引き留めにもかかわらず、ヤヌシュが士族の娘との婚約式のため村の教会を訪れるとハルカは非難の言葉を口にしつつついに自ら命を絶つ。完成したオペラはワルシャワで同年秋に上演が約束されるが、初演の日程はずるずると延期され、尽力は徒労に終わる。結局モニューシュコは地元のヴィルノでの上演を決めた。初演は1848年1月1日、アマチュア演奏家らによるコンサート形式で行われている。

苦悩の時代

1847〜57年の10年間はモニューシュコの人生の中でも不毛の時代としばしば言われる。1854年2月28日には再びヴィルノで、今回はプロの演奏家を起用して《ハルカ》の上演を行うが、その結果は満足のいくものではなかった。そしてオペ

ラよりもカンタータの作曲に没頭するようになっていく。

家族はどんどん増え（子どもは10人を数えた）、家計は年を追うごとに苦しくなっていった。継続しているオルガニストの仕事、プライベートレッスン、コンサートの開催などに追い立てられる毎日が続いた。そんな中でもヴィルノやその周辺地域の音楽文化の底上げを自らの社会的責務と考え、献身的な努力を惜しまなかった。1854年には優れたクラシック音楽の普及を目的として、自らのイニシアティヴで聖ツェツィリア協会（アマチュアを中心とした合唱団および合奏団）を設立、運営にあたっている。ヴィルノ周辺の諸都市でも演奏会や自作のオペレッタ作品上演などを行ったほか、作曲活動としては引き続きオペレッタ、コミック・オペラ（《ヤヴヌータ》(Jawnuta) ほか）、演劇のための付随音楽、《家庭愛唱歌集》の続編出版のための歌曲作りにも取り組んだが、この時期の作品として特に重要なのはカンタータ（《ミルダ》(Milda)、《ニヨラ（ニヨワ）》(Nijoła)、《亡霊たち》(Widma) ほか）や宗教作品（《オストラ・ブラマの連祷》(Litanie ostrobramskie) ほか）である。

モニューシュコにとって大きな慰めとなったのは、2度のペテルブルクへの演奏旅行だった。1849年の訪問では序曲《おとぎ話》(Bajka) やカンタータ《ミルダ》を紹介し成功を収め、次いで1856年の訪問時にはロシア人作曲家A. セローフに「〔《家庭愛唱歌集》は〕ポーランド語を解する者にとって宝物に等しい。ドイツのシューベルト、シューマン、我が国のグリンカ、ダルゴムィシスキーに相当する」と評されるなど、ペテルブルクの音楽家、愛好家らによって作品や演奏会を絶賛する記事が多く書かれた。この批評にも登場する二人やキュイなど、ロシア人作曲家グループと親交を結んだことも刺激となった。変化の兆しの見られた1857年を境に、モニューシュコの人生は大きく変わっていくことになる。

歌劇《ハルカ》の成功からワルシャワ時代

1857年初頭、シコルスキによって音楽情報誌『ルフ・ムズィチュニ』(Ruch Muzyczny) が創刊されるなどワルシャワの音楽活動も活性化し始め、《ハルカ》上演の可能性が報じられる。作曲から10年を経たこのオペラには、作曲者自身の手によって既に多くの変更が施されていた。モニューシュコは稽古への同席のためワルシャワを訪れ、追加の決まった（そしてこのオペラの中で最も有名なナンバーとなる）新しいアリアや舞曲の作曲などに明け暮れた。もともと2幕だった

作品を4幕へと拡大することになったのである。テアトル・ヴィエルキでの《ハルカ》初演は、ヴィルノでの初演のちょうど10年後にあたる1858年1月1日、当時の著名歌手らの参加で行われた。上演は大きな成功を収め、初演後も劇場には連日溢れんばかりの観衆がおしよせた。ようやく彼の才能が認められた瞬間だった。

モニューシュコの作品を買いたいという出版社から依頼が殺到するようになり、8月15日にはワルシャワオペラの首席指揮者（同時に劇場総監督を意味する）のポストが彼に与えられた。ベルリン留学以降20年近くも西側に出たことのなかった彼は、当時オペラ芸術の中心地であったパリへの視察旅行に出立。クラクフ、ベルリン、プラハ（スメタナと知遇を得る）、ドレスデン、ライプツィヒ、ワイマール（リストを訪問）、マインツ、ケルンを経由してパリに到着すると、2ヵ月余りの滞在の間、ヤン・カルウォーヴィチとともに街の見物やオペラ・演劇の鑑賞、委託されていたオペラ《いかだ乗り》(Flis)の作曲などを行って過ごした。しかしヴァカンス期間中の閑散としたパリでは期待した成果は得られずモニューシュコも家族に宛てた書簡の中で落胆ぶりを隠していない。帰国後間もなく作曲家自身によって初演された《いかだ乗り》は彼のテアトル・ヴィエルキでの指揮者デビューとなった。1858年11月、モニューシュコ は18年間住み慣れたヴィルノを離れ、一家と共にワルシャワに居を移す。

1859年、モニューシュコを取り巻く状況は大きく変化する。地方の一オルガニストから、当時のポーランドで最高水準を誇るオペラ劇場の総監督の地位に上りつめたのである。どんな編成にも対応できる規模と技術を兼ね備えたプロ楽団と、様々な演出が可能な大舞台を擁する劇場の指揮者になったことで、ようやく思い通りの音楽を作曲、発表できるようになったのである。音楽家として最も充実した期間であった。モニューシュコは相次ぐ依頼に応えて急ピッチに作曲を進め、締め切りに急き立てられながらも大規模な作品を生み出した。オペラ《伯爵夫人》(Hrabina, 1860年初演)、《士族に二言無し》(Verbum nobile, 1861年初演)、《幽霊屋敷》(Straszny dwór, 1865年初演)、《パリア》(Paria, 1869年初演)、カンタータ《クリミア・ソネット》(Sonety krymskie, 1868)、バラード《トファルドフスカ夫人》(Pani Twardowska, 1869) などであり、これらは多作なモニューシュコの中でも最も有名な作品群に数えられる。

1863年の一月蜂起の失敗後、民衆の間に広がった失望感・諦念と分割国の圧政は音楽生活の衰退をもたらした。そ

れでも1865年になると活気が蘇り、愛国主義的・政治的な意味合いを持った音楽的できごとも相次ぐ。ミツキェーヴィチの『父祖の祭』第二部をもとにしたカンタータ《亡霊たち》は喝采をもって受け入れられ、各紙でも大きな反響を得た。また9月にはモニューシュコの待望の新作オペラ《幽霊屋敷》(ヤン・ヘンチンスキ台本)が初演された。当然検閲の目があるため作品中に直接的には愛国的表現は用いられていないものの、祖国ポーランドへの想いを暗示するアリアがポロネーズで書かれ、大団円を迎え最も盛り上がる場面でマズルの舞曲が用いられるなど、ポーランド民族舞踊のリズムが効果的に用いられたポーランド人の心に直接響くオペラ作品であった。作曲家としての腕の見せ所を複雑さや奇をてらうことに求めるのではなく、音楽的妥協はしないながらも親しみやすく、かつ民族舞曲や民謡の要素を芸術音楽にしっかりと昇華させた形でなじませて作品に取り入れていく。まさにこれがモニューシュコ音楽の真骨頂である。かくして《幽霊屋敷》は3回の上演の後、あまりの熱狂に危険を感じた当局が公演の停止を命じ、再び上演が許されたのは作曲家没後のことである。同じ頃、《ハルカ》はテアトル・ヴィエルキで第100回の公演を迎えた。このオペラはルヴフ、プラハ、モスクワ、ペテルブルクといったスラヴの各国・各地域で次々と舞台にかけられ、いずれの都市でも音楽批評家や各紙から高い評価を得た。教育者としての彼は、1864年から音楽院の授業を受け持つようになり、1871年には和声学の教科書『和声学のための覚書』(Pamiętnik do nauki harmonii) を出版した。

しかし晩年は、劇場や音楽院での過多な仕事や期待外れに終わった新作上演、周囲との些細なもめごとなどで心休まらぬ日々を送った。1872年6月4日、心臓発作によって前触れのない死が彼を襲う。葬儀には数万の人々が参列して作曲家を見送ったと言われ、その様子を描いた絵画も残されている。スタニスワフ・モニューシュコはワルシャワのポヴォンスキ墓地に葬られている。

モニューシュコの歌曲

平岩理恵

モニューシュコの歌曲への取り組みは、作曲家としての活動の最初期から始まっている。彼にとって初めての楽譜出版がまさに歌曲であった。1838年、ベルリン留学中の19歳の頃のことだった。アダム・ミツキェーヴィチの詩に旋律とピアノ伴奏を付けたもので、《三つの歌》(Trzy śpiewy, Bote & G. Bock)と題されたその楽譜には〈夢〉(Sen)、〈心許なさ〉(Niepewność)、〈D. D. に〉(Do D. D.)の3曲が収録されていた（モニューシュコは1829年にペテルブルクで出版されたミツキェーヴィチの『詩集』を所有しており、収録されているバラード、ロマンス、ソネットを中心に数多くの歌曲を書いた）。作品は非常に好意的に受け入れられ、ドイツの主要音楽誌『アルゲマイネ・ムジカリッシェ・ツァイトゥング』やポーランドの代表的文芸週刊誌『ティゴドニク・リテラツキ』にもこれを高く評価する論評が掲載され、後者では音楽語法の独自性やポーランドの民謡を彷彿とさせる点、イタリア音楽の模倣との決別などが指摘された(Tygodnik literacki, 25 II 1839)。

帰国後ヴィルノに定住したモニューシュコは、地域の文化的生活、とりわけ音楽分野の水準の衰退に愕然とする。シュラフタ階級、市民階級問わず、仲間同士集って歌ったり演奏したりして楽しむことは、当時ごく普遍的な娯楽のひとつだったが、問題は貧弱なレパートリーとアマチュア音楽愛好家たちの演奏レベルの低迷であり、モニューシュコはこうした状況を改善することこそが自らの芸術家としての社会的責務と考えた。ベルリンでの成功やこれまでにヴィルノで自費出版した作品が評価を得ていたこと、また地元の人々が新作を待望していたことも後押しし、モニューシュコは歌曲の出版をシリーズ化することを決意した。留学中から1840年台半ば頃までの時期はモニューシュコが精力的に歌曲を書きためていた時期にあたる。資金調達は当時一般的だった「予約購読」の手法を用い、歌曲集のタイトルは《家庭愛唱歌集》に決まった。幼少期の自分がニェムツェーヴィチの《歴史歌集》を日常的に口ずさんだように、まさに愛好家たちに家庭で親しんでもらえるような歌曲集を目指したのである。

1842年、出版に先立つ宣伝活動の一環として、彼はユゼフ・イグナツィ・クラシェフスキ（【各曲の解説】の《爺と婆》参照）宛に歌曲集の自筆譜とともに手紙を送っている——「平に伏して兄にお願いに上がります。これから世に出んとするわが《歌曲集》に成り代わって、いずれかの定期刊行物上にどうかご登壇頂きたいのです。この曲集は私の歌曲をバラード、ロマンス、鄙唄（ひなうた）という三つの種類に分類してまとめたもので、歌を愛する人々のためになりたいという作曲家の善意以上の何ものでもありません(…)。〔ドイツの〕シラーやゲーテをはじめとするあらゆる著名詩人たちはすでに一度ならず最も幸せな旋律を見出しています。翻って我が国では悲しいかな、歌ってくれる者を首を長くして待っている詩に対して音楽を書く者たちの誰一人として自らの力を試してみようともしてきませんでした。良い詩に音楽を書くのは難しいだの、美しい詩に音楽でくってかかろうなど傲慢であるだのというのは間違った考えです。少なくとも私には、良い詩というのはどれもそれ自身の中に完成された旋律があり、それによく耳を傾け紙の上に写し取ることができる者こそが祝福された作曲家であり、それはとりもなおさず音楽語とでも言うべきものへの翻訳にほかならないのだ、と思えるのです。良い詩人が作曲家をいかに利し、守ってくれる存在であるかについて、私よりも優れた能力のある者たちはこれまで思い至ることなく、また自国の音楽を愛する者たちが長らく新しい歌を待ち焦がれているというときに、(…)こうした私の最初の試みを、どうか世に出させて頂きたいのです」（モニューシュコよりクラシェフスキ宛書簡、1842年5月26日、ヴィルノ）。ここに書かれている「バラード、ロマンス」は主にミツキェーヴィチの、「鄙唄」はチェチョットやスィロコムラらの詩を指すと考えてよいだろう。

さらに1842年秋、モニューシュコは『ティゴドニク・ペテルスブルスキ』に《家庭愛唱歌集》の出版を予告する記事を書いた——「(…)わが歌曲集にはピアノ伴奏付きの独唱用歌曲が収録される。詩は最も優れた同胞の詩人たちから択ぶよう心掛けており、すなわちそこには『鄙唄抄』やニェメン河畔の『村人たちの歌』が含められているが、これらの詩作品はそれ自体がこの国の特徴と色彩を最もよく体現したものであると確信するからである。(…)こうした観点から、わが歌曲集は当地の人々に何らかの関心を喚起させることができるかもしれない。なぜなら、美しい音楽と結びついた美しい詩は、最も音楽に疎い者の耳や心にも入り込むことができるからであるし(…)、民族的なもの、祖国のもの、地元のもの、あるいはわれわれの幼少期の記憶を反映するもの、

それらがその地に生まれ育った者たちにとって好ましいものでなくなるということは決してないからだ。こうした情熱に突き動かされて編まれたわが歌集は様々な種類の音楽が含まれているとはいえ、その目指すところはわが国らしさを示すことにある（…）」（*Tygodnik Petersburski*, 22 IX/4 X 1842, nr 72）。

これはモニューシュコにとっていわば「芸術家としての信念の宣言」であり、実際にこの言葉どおり、全人生をかけて実践し続けた。この予告記事のすぐ後の号には早速クラシェフスキの発言が掲載された。そこには称賛のほか、作品の難易度に関する忠言も含まれていた──「〔モニューシュコの〕作曲作品はいずれも感情表現や（何より）ドラマティズム、そして一般大衆に語りかけることのできるあらゆる社交的言語に精通しているという点で際立っている。敬愛すべき作曲家氏よ、自身の歌曲が将来獲得するべき人気のために一つ頼みたいことがある。いかに些細な難しさでもそれを克服する気のない者、するにしても嫌々ながらという者ばかりのわが国の一般大衆向けに、歌を可能な限り易しいものにしてはもらえないだろうか。（…）モニューシュコの情熱的な作品が、ワルシャワに蔓延する蒼ざめた色彩の無い歌の数々を席巻してくれるようわれわれは願っている。（…）読者諸氏を徐々に自身の作品に慣れさせていけば、ゆくゆくはより難易度の高い作曲へと水準を上げていくこともできよう」（*Tygodnik Petersburski*, XI 1842, nr 73）。たしかに第1巻冒頭のバラード《シフィテジャンカ》（*Świtezianka*. ミツキェーヴィチ詞）などは「家庭」で歌われることを想像しにくいほどの規模と内容を備えている。

《家庭愛唱歌集》第1巻はようやく1843年末（または1844年初頭）に出版に漕ぎ着けたが、反響は大きく、予約購読者のみならず批評家らにも大変好意的に受け入れられた。『ティゴドニク・ペテルスブルスキ』には次のような評が掲載された──「この作り手はまさに稀有な若者に数えられる。（…）St. モニューシュコ氏はその才能と学びにより諸外国の一流の作曲家らと肩を並べる存在となり、少なくともあらゆる社交的芸術を知り尽くしているという点でも、旋律的情感の豊かさの点でも他に引けを取らない。（…）才能にあまり恵まれていない他の音楽家であれば、この曲集に収められた19〔!〕の歌曲は変化に乏しく、同じことの繰り返しに甘んじ、凡庸なものになってしまうことを誰も避けることはできなかっただろう。しかしここではそのようなものは一切見られない。すべてが新鮮であり、見事に主題に合致するもので

あり、バラエティに富んでいる（…）」（*Tygodnik Petersburski*, 12 XII 1843, nr 50）。ユゼフ・シコルスキも賛辞を惜しまぬ批評を書いている──「これは数の点でも内容の点でも重要な、これまで我々の知らぬところであった書き手による歌曲集である。（…）我々の眼前にある18の歌曲の中に、モニューシュコ氏はあらゆる方面においてその力量を試している。そこには真面目なもの、感傷的なもの、ユーモア溢れるものが見られるだけでなく、コミカルな喜びに満ちた作品さえも忘れられてはいない。（…）もう長らく我々はかくも豊かなポーランド歌曲集というものを手にしたことがない（…）」（*Biblioteka Warszawska 1844*, t. IV）。

第2巻の構想は既に1842年には固まっていたが、実際に出版されたのは1845年末のことだった。第1巻出版後に指摘された点を反映して、曲の難易度は声部、ピアノ伴奏ともに格段に下がっている。モニューシュコは《家庭愛唱歌集》の編纂にあたって妻やその家族・友人らの力を借りて実際にアマチュア音楽家に演奏できるかどうか確認するという作業を怠らなかった。しかし作曲家として能力を存分に発揮したいという欲求との葛藤は少なからずあったに違いない。第3巻では「アマチュア向けとはいっても音楽をよく嗜む者、あるいは職業歌手向けという当初の路線に戻った」とルジンスキは評している（Witold Rudziński, *Stanisław Moniuszko*, cz. I, s. 175, PWN, 1955）。検閲当局の許可も下りており続巻の刊行を待ちわびる声は大きかったが、印刷所の職人や用紙の不足という不幸に見舞われ、《家庭愛唱歌集》第3巻の刊行はようやく1851年に実現する。ここまでの歌曲集の出版は作曲家自身の出資によるものだったが、この頃になるとモニューシュコはしっかりとした地位や評価を得るようになっており、作品の出版にリスクを感じなくなった出版社がこぞって《家庭愛唱歌集》の出版に名乗りを挙げるようになった。

皮切りはワルシャワのR. フリードレイン社（R. Friedlein）で、《家庭愛唱歌集》第1巻第2版を出版（1852年）、以降モニューシュコ自身が費用の工面に走り、出版にまつわる様々な算段に労力を費やす必要はようやくなくなったのだった。地元ヴィルノのJ. ザヴァツキ社（J. Zawadzki）もこれに続く。同社は、《家庭愛唱歌集》第2巻第2版（1854年）、第4巻（1855年）、第5巻（1858年）、第6巻（1859年）の出版を手掛けている。また、ワルシャワのゲベトネル社（G. Gebethner i Sp.）は第3巻第2版（1858年）、第1巻第3版

(1864年)を出版する。

《家庭愛唱歌集》第5巻の刊行は、ちょうどモニューシュコがワルシャワに拠点を移す年にあたった。国民オペラ作曲家として一躍人気を集め、歌劇場監督としても多忙かつ充実の日々を送ることになったモニューシュコは、自らの変わらぬ使命感にもかかわらず、歌曲の作曲やその出版の活動は以前のように思いどおりにはできなくなっていった。第6巻はミツキェーヴィチの詩をもとにした歌曲の特集とするという構想を掲げたものの、全紙面を新作で構成するのではなく、一部を過去に出版された歌曲(《狙撃》、《夢》、《甘えんぼさん》(1838年刊の《D. D.に》を改題)など)の再録で補っている。第6巻に続き第7巻もミツキェーヴィチ特集とする構想、また第8巻出版の計画に関する言及を含む書簡なども残されているが、いずれも作曲家の生前には実現に至らなかった。また具体的な掲載曲のリストなども残っていないため、モニューシュコの意図を反映して出版された《家庭愛唱歌集》はこの第6巻までとなった。

歌曲の特徴

モニューシュコが生涯に作曲した歌曲は300以上におよび、うち267曲が、作曲家没後に出版された第7〜12巻も含めた《家庭愛唱歌集》全12巻の中に収録されている。《家庭愛唱歌集》出版に先立つ宣言どおり、選んだ詩のほとんどが同時代のポーランド人詩人によるという点がまず重要だ。作曲した詩の数だけで見ると、22編を取り上げたミツキェーヴィチを筆頭に、A. ホチコ、J. I.クラシェフスキ、W. スィロコムラ、J. チェチョット、T. レナルトーヴィチ、J. コジェニョフスキといった名前が並ぶ。外国人詩人の詩への作曲はごく稀で(本書では選曲の都合で特別に訳詩の割合が多くなっている)、その場合でも詩はポーランド語の訳詞を用いた。

作曲様式は一転して多様さが特徴となる。民謡にも通じる単純な構造を持ったものから、それまでポーランドの音楽語法には無かったような大掛かりなバラードに至るまで様々な楽曲様式で歌曲を書いた。鄙唄、バラード、ロマンス、ソネット、ドゥムカ、宗教歌、愛国歌、恋歌、内省的なもの、歴史的なもの、通俗的なもの、喜劇的なもの、悲劇的なもの、幻想的なもの、挙げればきりがないが、およそ考えつき得るあらゆる種類の歌曲形式を手掛けている。作品の多くは有節歌曲形式で、リフレインや変奏を伴うものも含まれ、多くの場合は二部形式または三部形式で書かれているが、例外的なのがバラードで、基本的に通作的に書かれ、より複雑な音楽的内容、より高尚な作曲技法が用いられている。

愛好家向けという位置付けの作品では音楽語法、作品構造に極力複雑さを持ち込まなかったが、それが決して芸術的価値を減じる結果になっていないという点はモニューシュコの創作の特筆すべき長所である。声に乗せやすく耳触りも良い美しい旋律を生み出す能力に長け、ピアノパートにもこの時代にありがちなヴィルトゥオーゾ的ひけらかしを持ち込んでいない。また土着の素朴な舞曲・民謡のリズムや旋律も大切にした。マズルやクラコヴィアク、ポロネーズといった舞曲のリズムと楽曲の構造を巧みに芸術的歌曲に取り入れる才能において、モニューシュコの右に出る者はいないと思われるほどである。

選曲・掲載順・底本について

本歌曲集の編集にあたっては300以上におよぶ歌曲からどのように選曲するかは悩ましい問題だった。少なくとも《家庭愛唱歌集》全12巻の中に収録されていること、ピアノ伴奏付独唱歌曲であることは最低限の条件とした。モニューシュコと聞いて誰もが真っ先に思い浮かべる《紡ぎ唄》、あるいは《君よ知るや彼の国を》などは躊躇なく選べるが、知名度だけを頼りに残りを十数曲に絞り込むのは容易ではない。そこで選曲の基準をおおよそ次のように定めた。

1) 現代でも頻繁に演奏・鑑賞されている作品(録音音源や声楽コンクール、ポーランド歌曲の演奏会で取り上げられる作品およびその頻度)
2) 同じ詩にほかの作曲家も曲を付けているもの(ポーランド国外ではモニューシュコにほとんどなじみがないという事実に鑑み、ほかの有名な作品と比較することで彼の音楽に親しんでもらおうという意図)
3) ポーランドを代表する文人の詩に作曲した作品
4) ポーランドの民族的舞曲のリズム・様式で書かれている作品
5) モニューシュコの幅広く手掛けた作曲様式・作風をそれぞれ代表するような作品

一つないし複数の基準を満たす作品を候補としてピックアップした上で、全体のバランスを考慮しつつ最終的に14

曲を選んだ。紙面には限りがあるためやむなく掲載を見送った歌曲も多数ある。本書に掲載されていないからといってその音楽的価値がより低いことを意味するものでは全くないということを強調しておきたい。むしろ本歌曲集は広大な海にも等しいモニューシュコの音楽世界へのほんの入り口にすぎない。

　曲の掲載順についても、各歌曲の《家庭愛唱歌集》への掲載が必ずしも作曲順ではなく、第7巻以降についてはモニューシュコの意図のおよぶ形で編集されたわけではないこと、また作曲年が特定できない作品が大半であり作品番号もないという事情から、一定の秩序に従って並べることが叶わず、かなり恣意的なものとなっている。本書では前後の曲同士、選曲基準に共通点のあるものなど何らかの関連性をもたせるように心がけはしたが、必ずしも明確な根拠によっているわけではない点をどうかご了承いただきたい。

　《家庭愛唱歌集》に関する出版の歴史および本歌曲集で底本として使用した出版譜に関する情報を以下にまとめた。

《家庭愛唱歌集》第1巻 (Pierwszy Śpiewnik Domowy)

　初版は1843年末、モニューシュコの自費出版によりヴィルノのA. クルコフスキ (A Klukowski) 石版印刷所で印刷され、16タイトル (18曲) が収録された。本歌曲集の編集にあたって底本に採用したのは1852年にワルシャワのR. フリードレイン社から出版された第2版 (R 40. F)。目次には初版と同様の曲名が挙がっている。ワルシャワの国立図書館に所蔵されている原本 (所蔵番号：Mus.III.66.421 Cim.、マイクロフィルム：mf. 52583) を参照した。

収録曲 (太字は本書掲載)：*Świtezianka, Śpiew masek z Marii, Barkarola, Kochać spiesz dziewczyno, Pielgrzym, Morel, Pieśń żeglarzów,* **Triolet,** *Panicz i dziewczynka, Żal dziewczyny, Dalibógże, Przyczyna, Zawód, Kukułka, Trzy z piosnek wieśniaczych z nad Niemna (3),* ***Dziad i baba***

《家庭愛唱歌集》第2巻 (Drugi Śpiewnik Domowy)

　初版は1845年末または翌46年初頭に、モニューシュコの自費出版によりヴィルノのA. クルコフスキ石版印刷所で印刷され、20タイトル (22曲) が収録された。本歌曲集の編集にあたって底本に採用したのは1854年にヴィルノのJ. ザヴァツキ社から出版された第2版 (J.957.Z)。《St. モ

ニューシュコの家庭愛唱歌集2／改訂増補第2版》(*Drugi Śpiewnik Domowy St. Moniuszki. Wydanie drugie poprawne i pomnożone*) と題されており、目次には19タイトル (25曲) が挙げられている。初版からは2曲 (*Niemen i Wilija, Dziadek i babka*) が作曲者自身により取り下げられ、スィロコムラの詩5編をまとめた《鄙唄抄》(*Piosnki sielskie*) が新たに加えられた。ワルシャワ大学図書館所蔵資料 (buw.xx002589827) のスキャンデータをインターネット上の「国際楽譜ライブラリープロジェクト」(http://imslp.org/ 以降IMSLP) より取得。

収録曲 (第2版)：*Magnus i Trolla, Piosnka żołnierza, Wyjazd z Ukrainy, Kum i kuma, Czy powróci?, „Gdym miał twój dar", Pociąg do kradzieży, Gałązka równienniczka, Skowronek, Dwie piosnki (2), Do oddalonej, Dwa krakowiaki (2), Podstęp, Mazurek, Moje bogactwa, Tułaczka, „Gdyby mnie kto kochał", Magda karczmarka, Piosnki sielskie (1. Pieśń poranna, 2. Kłosek, 3. Przepióreczka, 4. Pieśń wójta,* **5. Pieśń wieczorna***)*

《家庭愛唱歌集》第3巻 (Trzeci Śpiewnik Domowy)

　初版は1851年、モニューシュコの自費出版によりヴィルノのA. クルコフスキ石版印刷所で印刷され、15曲が収録された (うち1曲は二重唱曲)。本歌曲集の編集にあたって底本に採用したのは1858年にワルシャワのG. ゲベトネル社から出版された第2版 (G. & C. 7)。なお、これより早い1853年にワルシャワのR. フリードレイン社が第2版を出版した、とする史料も散見されるが、これまでにこのフリードレイン版が一冊も発見されていないことなどから、印刷準備段階まで進んだものの実際には出版に至らなかったとする見方が現在では主流。本書でもゲベトネル版 (表紙にも「第2版」(Wydanie drugie) とある) を実際の第2版として取り扱う。第2版では初版から1曲が取り下げられ (*Czaty*)、クラシェフスキの詩9篇をまとめたもの (*Witloraudy*) が追加された結果、収録曲は合計23となった (合唱曲5編を含む)。ワルシャワ大学図書館所蔵資料 (buw.xx002589856) のスキャンデータをIMSLPより取得。

収録曲 (第2版)：*Tren dziesiąty, Dwa słowa, Duettino, Pieśń wschodnia, Księżyc i rzeczka, Piosnki obłąkanej (2),* ***Prząśniczka****, Słowiczek, Hulanka, Wyjazd,*

Nawrócona, **Krakowiaczek**, *Luli, Witloraudy (Piosnki Romussy (3), Pieśń drużek, Pieśni pogrzebowe (5))*

《家庭愛唱歌集》第4巻 (Czwarty Śpiewnik Domowy)

　初版は1855年、ヴィルノのJ. ザヴァツキ社より出版（出版番号：4または1-19/4）、19曲が収録された（うち1曲は二重唱曲）。本歌曲集の編集にあたって底本に採用したのはヤギェロン大学図書館所蔵の初版（syg. 250）で出版番号が「4」となっているもの（IMSLPよりスキャンデータを取得）。出版番号が曲ごとに分数の形で1/4から19/4までの形で記されている楽譜も存在し、どちらも「初版」とされ見た目も内容も同一だが、両者が時を同じくして印刷されたものか否かについては不明。

収録曲：*Aniołek, Zosia, Kwiaty, Nad rzeką, Czary, Dumka, Groźna dziewczyna, Do pączka, Śpiewak w obcej stronie, Piosnka dziada, Marzenie, Dary, Rybaczka, Entuzjasta,* **Znasz-li ten kraj?,** *Dzieweczka nad rzeką, Miłość, Wędrowna ptaszyna, Duettino*

《家庭愛唱歌集》第5巻 (Piąty Śpiewnik Domowy)

　初版は1858年、ヴィルノのJ. ザヴァツキ社より出版（出版番号：10）、28タイトル31曲が収録された。底本にもこれを採用し、ワルシャワ大学図書館所蔵資料のスキャンデータをIMSLPより取得。

収録曲：*Zgadzanie się z wolą Boską, Pieśń Nijoły, Tren piąty, Tren trzeci, Pieśń Marii, Duettino, Piosnki sielskie:* **Wiosna, Kukułka,** *Wędrowna ptaszyna, Rada, Rybka, Słonecko, Niedźwiadek, Wybór, Dąbrowa, Dumka, Nad Nidą, Sierota, Wieczorny dzwon, Szumi gaj, Wyjazd na wojnę, Chorągiewka, Wróżba znachora, Przy kądzieli, Przed zachodem, O, Matko moja!, Stary hulaka, Dola, Trzy piosnki (3)*

《家庭愛唱歌集》第6巻 (Szósty Śpiewnik Domowy)

　初版は1859年、ヴィルノのJ. ザヴァツキ社より出版（J. Z. 15）。底本にもこれを採用し、ワルシャワ大学図書館所蔵資料のスキャンデータをIMSLPより取得。《家庭愛唱歌集第6巻 アダム・ミツキェーヴィチのバラードおよび詩を収録》（*Szósty śpiewnik domowy zawierający „Ballady i Poezje" Adama Mickiewicza*）と題されているとおり、ミツ

キェーヴィチの詩を題材にした歌曲に特化した巻で8曲を収録。新たに書き下ろされた作品に加え、過去に出版された作品の再録も含まれる。

収録曲：*Powrót taty, Rybka,* **Czaty, Do Niemna,** *Pieśń z wieży, Sen,* **Pieszczotka,** *Wilija*

　モニューシュコの生前に出版された《家庭愛唱歌集》はこの6巻までである。未亡人アレクサンドラは夫の遺志を継ぐべく、突然の別離から3週間後には自筆譜を手元に集めるための行動を起こしている。1872年6月、日刊紙『クリエル・ヴァルシャフスキ』に「〔モニューシュコの〕自筆譜をお手持ちのすべての皆さまへ（…）、出版に向けた準備と整理に必要なだけの間、そうしたものをどうかお貸しくださいますよう（…）」（*Kurier Warszawski*, nr 138）と寄稿、大反響が巻き起こった。未亡人の自費出版で《家庭愛唱歌集》第7巻が世に出たのは1877年初頭のことである。収録された24曲の中には再録のものも2曲含まれたが、大半は初めて印刷にかけられた。

　しかしその後、資金難により続巻の刊行は頓挫。この状況を救いモニューシュコの遺志を継いだのがワルシャワ音楽協会（Warszawskie Towarzystwo Muzyczne. 以降WTM）だった。1891年12月、WTMの一組織として「モニューシュコ部門」（Sekcja im. Stanisława Moniuszki）が発足、作曲家のあらゆる作品を出版していくことを主な使命として、遺された楽譜の整理や自筆譜の収集、出版に向けた資金集めに取りかかる。《家庭愛唱歌集》続巻の刊行は20世紀を迎えてからようやく始まった。編纂にはモニューシュコの弟子ヴワディスワフ・ジェプコ（Władysław Rzepko, 1854–1932）があたり、1908年に第8〜10巻が、翌1909年に第11巻が出版され、1910年の第12巻をもって完結された。本歌曲集には第8巻に収録された《野薔薇》、第12巻の《老い》を掲載しているが、いずれもモニューシュコの生前にも個別の楽譜が出版されていたことから、底本についてはそちらを用いた。詳細は【各曲の解説】をご覧頂きたい。

　本歌曲集の編集にあたっては全歌曲においてモニューシュコの生前に出版された楽譜を底本に用いた。可能な限り初版に基づいたが、入手できない場合はモニューシュコ生前に出版され本人の確認の目が行き届いていると考えられる第2版を用いた。このほか、PWMによる楽譜出版プロジェクト《スタニスワフ・モニューシュコ全集》（Erwin

Nowaczyk (red.), *Dzieła Stanisława Moniuszki. Seria A – Pieśni*, t. 1-4, PWM, Kraków 1965-1972. 以下「PWM全集」）において曲ごとにまとめられている校訂報告を適宜参照した。基本的に楽譜は音符・歌詞ともに底本どおりとすることを原則としたが、誤りであることが明らかな箇所においては断りなく修正を加えた。底本に欠けている臨時記号・指示記号等があった場合には追加した上で〔 〕に入れて示し、逆に本来不要な記号等が底本上にあった場合については削除または（ ）に入れる形で示した。歌詞については音節を区切るハイフンの過不足はすべて断りなく修正し、実際に歌唱する際に迷いを生じないよう調整したほか、歴史的綴りが用いられている箇所は特にわかりにくい部分について現代的表記に改めた。このほかの個別の注意喚起を必要とする箇所については【各曲の解説】の中で触れている。

各曲の解説

平岩 理恵

1

《紡ぎ唄》Prząśniczka *„U prząśniczki siedzą"*

　1846年4月15日（手稿譜が検閲当局に提出された日）以前に書かれた。《家庭愛唱歌集》第3巻（初版1851年）所収、同第2版（1858年）を底本とした。

　PWM全集の校訂報告からは、15小節目の歌唱旋律末尾の十六分音符が、自筆譜からモニューシュコ生前のポーランドでの出版譜のいずれにおいても嬰ハ音で記譜されていたこと、1857年にロシアで出版されたロシア語版（ただし作曲者自身の意図がどの程度反映された版かは不明）に基づいた1948年の出版譜では34・53小節目同様嬰ロ音へと修正されていることが読み取れる。現代の出版譜では15小節目においてもこの音は嬰ロ音と記譜されたものが主流だが、本歌曲集では底本どおり嬰ハ音のまま残した。もしここが嬰ハ音でなければ、第1・2節と第3節は全て同じ音となり、第3節だけをリピート記号の外に出す必要性を見出しにくいということも一つの判断根拠だが、薄情な娘の思いの「深」さに疑問符を呈するかのようにここで非和声音の嬰ロ音が初登場することにはそれなりの演奏効果があるだろうと解釈した。

　《紡ぎ唄》はおそらくモニューシュコの中で現在最もよく知られた歌曲である。オリジナルどおりピアノ伴奏付き独唱歌曲として声種を問わず頻繁に演奏されるだけでなく、管弦楽による伴奏版、器楽（特に管楽）用の編曲、ジャズやポップスなどへのアレンジや引用、さらにはウッチ市の時報ラッパとしてなど、現代ポーランドにおいても様々な場面、様々な形で親しみ続けられている名曲だ。歌の内容は、糸紡ぎに精を出す娘には恋人がいるが商用か兵役かのために遠方に旅立った途端別の若者に心なびく。すると快調だった紡ぎ糸が突然ぷつりと切れ娘は恥じ入る、という他愛のないもの。Prestoのテンポに乗ってピアノ右手は十六分音符で絶えず軽快に回り続ける錘を表現する。片や歌い手には口回しの速さと確実さが要求される。情熱的な嬰ヘ短調の響きは浮き立つ娘の心情や鼓動の高鳴りを表すにふさわしい。第1～3節までは曲は息もつかせず続いていくが、第4節の最後、糸が切れる場面では突然ピアノが止み、一瞬のゲネラルパウゼ（PWM全集の校訂報告によれば自筆譜にはこ

の52小節目後半の四分休符上にフェルマータが付されていた)。赤面する娘の背後には空回りする糸車の音がカラカラと響きつつ幕切れとなる。

詩人のヤン・チェチョット (Jan Czeczot, 1796-1847) は今やモニューシュコの歌曲を通してのみ知られていると言ってよい。ヴィルノ大学で学び、ミツキェーヴィチ(【モニューシュコの生涯と作品】参照)の親友でもあった(ミツキェーヴィチはいくつかの詩をチェチョットに献呈している。またチェチョットのバラード『シフィテシ』(Świteź, 1819) を模して自身も同名のバラードをものした)。生涯を通じて現リトアニア、ベラルーシ一帯のフォークロアを収集する民俗学者でもあった。『ニェメンおよびジヴィナ河畔の村人たちの唄』(Piosnki wieśniacze znad Niemna i Dźwiny) と題してまとめた詩集を1837年に出版したのを皮切りに、同様の歌集を合計7巻出している(ちなみにニェメン(ネマン)河もジヴィナ(ダウガヴァ)河もリトアニア大公国の主要河川で、ミンスクやヴィルノは両河川の間に位置する。《ニェメン河に》も参照)。こうした地元のフォークロアに取材した作風に共鳴したモニューシュコは、彼の詩に多く曲を付けており、その数は20曲近い。

2

《宵の唄》Pieśń wieczorna „Po nocnej rosie"

1854年6月20日(ワルシャワの音楽書店への楽譜入荷を報じる記事の日付)以前に書かれた。《家庭愛唱歌集》第2巻第2版〔改訂増補版〕(1854年)所収、底本にもこれを用いた。

終始穏やかで牧歌的な曲想。歌の旋律は親しみやすく平易な音運びながら、音楽的にも飽きさせない内容をもち、まさにモニューシュコの信条を具現化した作品の好例といえる。前半と終結部は抒情的に滑らかに歌い上げられるが、それに挟まれた中間部(11～18小節)は娘の身勝手な言い分を反映して弾みがちな曲調となっていて、小品の中にも絶妙なコントラストが付けられている。

詩はウワディスワフ・スィロコムラ(Władysław Syrokomla, 1823-1862. 本名ルドヴィク・コンドラトーヴィチ Ludwik Kondratowicz)による。生涯の大半をヴィルノで送り、ベラルーシの農民への同情に基づいた民俗的詩や田舎に住む小シュラフタの生活の情景などを多く書いた。モニューシュコはチェチョットと並びスィロコムラの詩にも大変共感し、20篇に作曲をしている。この歌曲の詩はカン

タータ『唄における一年』(Rok w pieśni) から採ったもの。モニューシュコはこのカンタータを5つの歌曲に編み、《鄙唄抄》(Piosnki sielskie) と題してまとめた。〈宵の唄〉は最後の5曲目にあたる。《鄙唄抄》は愛唱歌集第2巻の初版(1845/46年)には含まれておらず、1854年に第2版が出版される際、追加収録された。

3

《春》Wiosna „Błyszczą krople rosy"

1852年2月2日または1854年9月22日以前(いずれもモニューシュコによる書簡の日付で、歌曲集第4巻および第5巻の印刷に向けた準備の状況が報告されている)に書かれたと考えられる。《家庭愛唱歌集》第5巻(初版1858年)所収、底本にもこれを用いた。

16小節目、歌唱旋律末尾の変ホ音は後年の出版譜では8小節目に倣いハ音へと修正しているが、本歌曲集では底本どおりとした。

曲は一貫してピアノが八分音符で和音を連打しつつ一定のテンポを刻む中、第1・2節において歌唱旋律は前半変ホ長調の、後半は属調に転じ変ロ長調の、それぞれ主和音を基調にアゴーギクで僅かな陰影をつけつつも爽やかに駆け抜ける。リピート明け、音楽は自由度を増し原詩では一行しかない「天まで…」の句を自由にリフレインしてたたみかける部分ではカデンツァ風に小節ものびやかに拡大され、情感の高まりを表している。

詩はステファン・ヴィトフィツキ(Stefan Witwicki, 1801-1847)によるもので、彼の短詩47編を集めた『鄙唄抄』(Piosnki sielskie, 1830年刊)の中に収録されていた。ヴィトフィツキは現在文学史上ではほとんどその名を知られていないが、生前はロマン主義詩人として活躍し、カジミェシュ・ブロジンスキ(《なびいた娘》参照)やマウリツィ・モフナツキ(Maurycy Mochnacki, 1803-1834)、ユゼフ・ボフダン・ザレスキ(Józef Bohdan Zaleski, 1802-1886)といったショパンとも共通する交友関係を持ち、ショパン自身とも親しく交わっていた(ちなみにモニューシュコはブロジンスキ、ザレスキの詩にも曲を付けている)。ヴィトフィツキについては本声楽曲選集第1巻《ショパン歌曲集》にも詳しい記述がある(同歌曲集【原詩の作者について】参照)。彼の詩にはショパンも多く作曲を行っており、この《春》もその一つ。ショパンの方が8分の6拍子の哀愁をおびた牧歌風の作品であ

るのに対して、モニューシュコは4分の2拍子の軽快なテンポで若々しい勢いを感じさせる。この詩の語り主である「私」の人物像を二人の作曲家がどう捉えたかが楽曲に如実に反映されており、両者を比較して演奏・鑑賞してみるのも興味深いだろう。

　なお、モニューシュコとショパンが同じ詩を題材に作曲した例としては、この《春》と別掲の《甘えんぼさん》(ミツキェーヴィチ詞)のほか、同じくヴィトフィツキの詩で《酒場の唄》(Hulanka.《家庭愛唱歌集》第3巻所収)、《魔法》(Czary. 同第4巻所収)がある。いずれも楽譜はインターネット上で取得可能。

4

《爺と婆》Dziad i baba *„Był sobie dziad i baba"*

　1838年(原詩を収録した詩集の出版年)以降1842年5月26日(クラシェフスキ宛書簡の書かれた日付。【モニューシュコの歌曲】参照)以前に書かれたと考えられる。《家庭愛唱歌集》第1巻(初版1843年)所収、同第2版(1852年)を底本とした。

　第1巻の中で最も評価と人気を得た作品。歌は、仲睦まじい老夫婦がいずれも相手に先立たれたくはないとどちらが先に死ぬかを巡って譲らぬ問答を繰り広げるも、いざ死神が戸口に訪れると両者恐れ逃げ惑うという滑稽を描いた内容で、ナレーター、老いた夫、老いた妻、死神の四者の語りにより進んでゆく。作品は基本的に通作形式で書かれ、一貫して単純明快な4分の2拍子、また詩の雰囲気を体現するかのような飄々とした音運びが特徴。同時に場面ごとに転調や緩急をつけることで滑稽さと悲哀が巧みに表現されている点、会話部分でレチタティーヴォ風の節回しとなる点など、後のオペラ作品にも通じる要素を含む。独唱歌曲として書かれているが、男声と女声で役柄を振り分けてデュエットとして演奏しても効果的。第1巻の最終曲として収録されたこの《爺と婆》は、第1曲目に置かれ内容としては対極にあるシリアスで長大なミツキェーヴィチのバラード《シフィテジャンカ》とともに、まさにこの時点のモニューシュコの作曲家としての才能を最大限に発揮して書かれた見事な作品である。

　詩を書いたユゼフ・イグナツィ・クラシェフスキ(Józef Ignacy Kraszewski, 1812-1887)は丹念な史料収集とその解釈に基づく歴史小説を数多く手がけた作家で、今でも彼の作品はポーランドで広く読まれている。ワルシャワに生まれ、ヴィルノ大学に学んだ。文筆活動は歴史小説にとどまらず、ジャーナリズム・歴史研究・エッセイ・小説などにおよび、それらを通じて「読者に〈日々の糧〉を提供すること」(ミウォシュより引用。426頁)を願い、実践した。クラシェフスキのこのモットーはまさに音楽の分野でモニューシュコの目指したことと相通じる。モニューシュコはクラシェフスキの詩にも複数作曲している。

5

《クラコヴィアチェック》Krakowiaczek *„Wesół i szczęśliwy"*

　1850年12月23日(オペレッタ(下記参照)の完成について知らせる書簡の日付)以前に書かれたと考えられる。《家庭愛唱歌集》第3巻(初版1851年)所収、同第2版(1858年)を底本とした。

　典型的なクラコヴィアクのリズムで書かれた作品。クラコヴィアクとはクラクフ地方の住人という意味の単語(この歌曲の題名はその指小形)であると同時にクラクフを中心とする南部ポーランド発祥の舞曲・民謡でポーランドの民族舞踊の一つを指す。2拍子で快活なテンポを基調に、馬の駆けるようなシンコペーションのリズムに終始支配されるのが特徴。詩中の「真っ赤な角帽」に「孔雀の羽」を飾るのは、まさにクラクフ地方の男性の民俗衣装で欠かすことのできない要素。詩の最終行に登場するハルカという女性の名は、ごく普遍的に用いられた村娘の名であるため意図的と考えるべきではないが、モニューシュコの代表的オペラ《ハルカ》(【モニューシュコの生涯と作品】参照)の主人公名と同じであることから、同オペラが人気を博すようになって以降この曲を演奏・鑑賞する者にとってはまるで物語の序章であるかのように響いたに違いない、と考えるのは勘ぐりすぎだろうか。いずれにせよ、モニューシュコは農民の生活や彼らを取り巻く諸問題に強い関心を抱いており、オペラ・歌曲問わず自らの作品のテーマとして頻繁に取り上げた。

　詩はエドムント・ヴァシレフスキ(Edmund Wasilewski, 1814-1846)の作で、1849年の詩集に掲載されたもの。ヴァシレフスキは幼少よりポーランドの古都クラクフと深く結びついており、創作においても終始クラクフを描き続けた。愛国的な内容から当時は人気を集めていたが、今日ではモニューシュコが彼の詩に多数作曲したという事実を通してのみ知られる存在といってよい。モニューシュコはF. D. ク

ニャジニンの田園詩に基づいたオペレッタ《ボヘミアンたち》（Cyganie. 初演1852年、改作後《ヤヴヌータ》（Jawnuta. W. L. アンチッツ台本、初演1860年））の中の一場面としてこの曲を書いたが、先に独立した歌曲《クラコヴィアチェック》として出版した。モニューシュコにおいてはこのようにオペラなどの大規模作品から曲を取り出して単独の歌曲として発表したり、あるいはその逆のケースが複数ある。

6

《カッコウ》Kukułka „Kukowała kukuleczka"

1852年2月2日または1854年9月22日以前に書かれたと考えられる。《家庭愛唱歌集》第5巻（初版1858年）所収、底本にもこれを用いた。

典型的なマズルのリズムで書かれた作品。マズルとはワルシャワを含むマゾフシェ地方起源の舞曲で、ポーランドの民族舞踊の一つ（ポーランド語では「マズレク（mazurek）」と呼称するいわゆるマズルカは、この地方で歌い踊られたマズル、クヤヴィアク、オベレクといういずれも3拍子の舞曲の各特徴を融合することで生まれた）。基本のリズムは4分の3拍子の場合で説明すると「八分音符2個＋四分音符2個」というもので、これに付点が付くなどのヴァリアントが多くある。アクセントが2拍目（ないし3拍目）に置かれるのが特徴で、この曲においても2拍目に音符のある小節では例外なく歌詞の単語もアクセントのある音節が充てられている。そもそもポーランド語は基本的にどの単語でも語尾から数えて2番目の音節にアクセントが置かれるため、マズルの特徴的なリズムはポーランド語の歌から自然に生まれたものだということができる。同様に、たとえば1拍目が等価の音符2個で書かれている部分であっても、1つ目の音符に単語のアクセント音節が来ることで自然とややスイングした演奏になる例も珍しくない。この歌曲は素朴なト長調で始まり、中間部でホ短調に転じ、再び元の調に戻るが、主調-平行調-主調という三部形式を取るのもマズルの典型。

詩はヤン・チェチョット（《紡ぎ唄》参照）の作。1837～46年にかけてヴィルノで出版された『ニェメンおよびジヴィナ河畔の村人たちの唄』のいずれかの巻に収められたもの。この《カッコウ》のように、一見まるでフォークロア採集で見つけてきた民謡そのままとも思えるような素朴な詩を数多く収録している（曲の方も従ってごく素朴な民謡調となっている）。詩の内容は他愛のないものだが、「ナイチンゲール」と「ハ

ヤブサ」が男性名詞で「弟」と、「カッコウ」・「ウズラ」が女性名詞でそれぞれ「ゾーシャ」・「妹」と対応しあっているという点を補足しておきたい。

25-26小節目に旋律のヴァリアントが2種類与えられているが、これは第1節と第2節で歌い分けるというよりはどちらをどう選択してもよいと解釈できる（ただし初版出版後数年の間に出されたロシア・フランス語版のうち、フランス語の訳詩では25小節目2-3拍目の歌詞が4音節あり、十六分音符の記譜どおり歌うことを想定していると考えられる）。

7

《老い》Starość „Dzień po dzionku marnie schodzi"

1857年7月8日以前に書かれたと考えられる。《家庭愛唱歌集》には第12巻に初めて収録されたが、本歌曲集の編集にあたってはこの歌曲の初版でモニューシュコ生前の1857年にヴィルノの出版社（Maurycy Orgelbrand）から他の2曲とともに出された歌曲集《外国の歌を自国調に／ヴワディスワフ・スィロコムラ翻訳／S. モニューシュコ音楽》（Piosenki obce na swojski strój. 収録曲：No. 1 Starość, No. 2 Stara kapota, No. 3 Stary kapral）を底本とし、国立図書館所蔵資料（Mus.III.66.268/1）のスキャンデータをポーランド電子図書館サイト「POLONA」（https://polona.pl/）より取得した。

この歌曲は典型的なポロネーズで書かれている。ポロネーズはポーランドの民族舞踊の一つで、4分の3拍子で中庸のテンポの舞曲。その起源や変遷の過程には諸説あるものの、ポーランド人貴族・士族（シュラフタ）の舞踏会で幕開けのダンスとして踊られるなどした歴史を反映して、威厳と優美さ、また勇壮な雰囲気を兼ね備える芸術音楽の一形式として定着した。とりわけ19世紀においてはポーランド内外でおびただしい数のポロネーズ作品が書かれ、亡国の最中にあるポーランド人たちを勇気付け、あるいは郷愁に誘い、愛国心をかき立てる役割を果たした。モニューシュコも自身のオペラの中で、栄光の時代の懐古や母なる国を希求する想いを描くアリアをポロネーズのリズムで書いたり、シュラフタらが遠目にも鮮やかな衣装（コントゥシュ）をまとって踊るポロネーズを書いたりするなど、非常に効果的に用いている。

この作品に関しては、訳詩であることからしてもポーランドらしい「愛国的・民族的」要素は歌詞の中に一切含まれない。しかしこの一見普遍的な内容の詩もポロネーズのリズ

ムに乗せられることで、同胞たちの耳には「我々はまだ老人ではない、祖国の復活をあきらめるのはまだ早い」という鼓舞のメッセージとして響いたのではないかとも考えられる。

歌詞はフランス人抒情詩人ピエール・ベランジェ（Pierre Bérangeer, 1780-1857）の詩をヴワディスワフ・スィロコムラ（《宵の唄》参照）がポーランド語に訳したもの。底本とした楽譜において、本作品の1頁目には楽譜の上の部分に以下のような形でフランス語の原詩冒頭の2行が記されている。

„Nous verrons le temps qui nous presse
Semer les rides sur nos fronts.__"
（時が私たちの額に皺を刻むよう
急かすのを見るだろう…）

8

《甘えんぼさん》Pieszczotka *„Moja pieszczotka"*

ベルリン留学中の1837年に作曲されたと考えられる。モニューシュコ初の出版作品として歌曲集《三つの歌》（Trzy śpiewy, 1838）の3曲目に収録された（この時の曲名は《D. D.に》）。ミツキェーヴィチ特集となる《家庭愛唱歌集》第6巻に再録、題名は《甘えんぼさん》と改められた。《家庭愛唱歌集》第6巻初版（1859年）を底本とした。

アダム・ミツキェーヴィチ（【モニューシュコの生涯と作品】脚注参照）の筆になるこの詩は、1825年オデッサで、„A la donna Giovanna"（ドンナ・ジョヴァンナに）のタイトルで書かれたソネットで、1829年にペテルブルクおよびポズナンで出版されたミツキェーヴィチ作品集所収の、„Do D. D."の題名のものが初版（モニューシュコはペテルブルクで刊行された二巻本の『アダム・ミツキェーヴィチ詩集』を所有していた）。

同じ詩にはフリデリク・ショパンも作曲している（《ショパン歌曲集》収録の〈僕の可愛い甘えんぼさん〉参照）。奇しくもポーランドを代表する二人の作曲家が同時期に（ただしショパンは1837年以前という説もある）、同じミツキェーヴィチの詩への作曲を手掛けていることになる。作曲の時点で互いに相手の作品を知っていたはずはないが、両者ともに3拍子で、マズレク（マズルカ）のリズムを用いて書いたという事実は、まさに詩の韻律が音楽を内包していることの証左であるともいえよう。よりサロン的な曲想のショパンに比べ、モニューシュコの《甘えんぼさん》は素朴な曲調で書かれている。ハ長調でありながら前半は半音階進行の多用

や目まぐるしい転調で、恋に落ちた若者の地に足のつかない様子がよく表れている。30小節目からの上向形で感情はクライマックスに達し、吹っ切れたかのようなハ長調の開けた響きの中、原詩では1行の中に3回反復されるだけの「聞いて（słuchać）」、「口づけを（całować）」のくだりは大いに拡大され、何度も繰り返されて幕切れとなる。

9

《トリオレ》Triolet *„Komu ślubny splatasz wieniec"*

1842年5月26日以前に作曲されたと考えられる。《家庭愛唱歌集》第1巻所収。同第2版を底本とした。

典型的な有節歌曲形式。明るい響きのト長調で書かれた愛らしい牧歌的小品だが、13小節目からの5小節間で恋に破れた若者の悲哀を短調への転調で巧みに表現するなど、平易な音運びの中にも感情の襞を的確に描き出すモニューシュコの才能がいかんなく発揮された魅力あふれる作品である。

詩人のトマシュ・ザン（Tomasz Zan, 1796-1855）は今日ではほとんど名の知られていないポーランド人詩人だが、前掲のヤン・チェチョットやミツキェーヴィチと同世代であり、彼らとはヴィルノ大学の学友で互いに気心知れた仲だった。曲名となっている「トリオレ」とはフランス風八行詩を指す。この詩は1821年以前に書かれたものと考えられ、同年ミツキェーヴィチが書いたロマンス『ドゥダシュ』（Dudarz）の中でドゥダシュ（吟遊詩人を指す）が披露した歌という設定で全体が引用されている。モニューシュコはこのロマンスの収録されている『アダム・ミツキェーヴィチ詩集』（ペテルブルク、1829年刊）からこの詩を採ったと考えられる。なお、『ドゥダシュ』全文の邦訳は《ポーランド文学古典叢書》第3巻『バラードとロマンス』（参考文献参照）の159～174頁に掲載されており、うち「トリオレ」の部分は166～167頁。

10

《なびいた娘》Nawrócona *„Wieczorem pewnego czasu"*

1846年4月15日以前に書かれた。《家庭愛唱歌集》第3巻所収、同第2版を底本とした。

典型的な有節歌曲形式。ト短調特有の悲哀を含んだ前奏に乗って歌が始まる。横笛の音を聴いた嬉しさ、恋を知った歓びは変ロ長調への束の間の転調で表現されるも、オクターヴの跳躍をしながら響く笛の音はどこか物悲しく、迷い

を伴って幕切れへと向かい、揺れる娘の心情を表している。

歌詞は、ヨハン・ヴォルフガング・フォン・ゲーテ（Johann Wolfgang von Goethe, 1749-1832）によるドイツ語の『心変わりした娘』（*Die Bekehrte*, 1797）をカジミェシュ・ブロジンスキ（Kazimierz Brodziński, 1791-1835）がポーランド語に訳したもの。ブロジンスキはワルシャワ大学教授であると同時に、詩人・批評家として当時台頭し始めたロマン主義志向の文学者たちを擁護・鼓舞する立場をとった人物であり、前掲のヴィトフィツキやショパンらとも交流があった。

このゲーテの詩には他にも多数の作曲家が各国語で曲を付けているが、フーゴ・ヴォルフ（Hugo Wolf, 1860-1903）の作曲したものがよく知られている。ゲーテのポーランド語訳詩にモニューシュコが作曲した例は本歌曲集に収録したもののほかに《去っていった人に》（*Do oddalonej*, 愛唱歌集第2巻収録。シューベルト作曲のものが有名）もある。

11
《君よ知るや彼の国を》 Znasz-li ten kraj?
„Znasz-li ten kraj, gdzie cytryna dojrzewa"

1846年4月15日以前に書かれた（《紡ぎ唄》参照。当初はこの作品も《家庭愛唱歌集》第3巻に含まれる予定だった）。実際に収録されたのは《家庭愛唱歌集》第4巻（初版1855年）、底本にもこれを用いた。

作品は典型的な有節歌曲形式。嬰ヘ長調という色彩的で夢想的な調性が、はるか南国と想いを寄せる相手へのつのる思いをいっそう引き立てている。一貫して和音の連打を続けるピアノ右手は、歌に同調して情緒的になることなく、和声の変化だけで背景の色彩が移り変わる様を表現することに成功している。モニューシュコは「彼の地こそわが天国なりき／ならん…」以下の部分を反復して強調し、19小節目冒頭、思いがけず嬰ホ音へ移行する部分で情感はクライマックスを迎える。

詩はゲーテの小説『ヴィルヘルム・マイスターの修業時代』（*Wilhelm Meisters Lehrjahre*, 1783）に登場するサーカス一座の少女ミニョンが、密かに恋心を寄せるヴィルヘルムと故郷イタリアへの思慕を歌い上げるロマンスをもとにしたミツキェーヴィチによるポーランド語のパラフレーズ（1830年作、1833年出版）。モニューシュコ自筆譜上の書き込みには「ゲーテによる模倣」、また初版譜上には「ゲーテによる」とだけ書かれており、ミツキェーヴィチの名前はどこにも見

られない。これは検閲を念頭に置いての措置だったと考えられる。

この詩には他にも多数の作曲家が各国語で曲を付けている。ゲーテの小説全体を歌劇《ミニヨン》（Mignon, 1866）に仕立てたフランス人作曲家アンブロワーズ・トマ（Ambroise Thomas, 1811-1896）のほか、このロマンス（邦訳では《君よ知るや南の国》と題されている場合が多い）だけを独立した歌曲として書いた例は90曲ほど知られており、ベートーヴェン、シューベルト、メンデルスゾーン、シューマン、ヴォルフなどといった著名作曲家の名前が並ぶ。その中にあってこのモニューシュコの作品はけして引けを取らないどころか、この詩の持つ雰囲気をよく反映していると高く評価する声も多い。音楽史研究家ズジスワフ・ヤヒメツキは著書の中で上記のドイツ人作曲家らが同じ詩に書いた歌曲と比較しながら、モニューシュコを「（…）音楽言語の何たるかを知ったるメロディメーカーとして躊躇なく最高の天才に数え上げなければならない。（…）音楽の内容は詩の形式や叙情性と不可分の一体をなしている」（Zdzisław Jachimecki, *Stanisław Moniuszko*, Kraków 1961, s. 41）と評している。

12
《野薔薇》 Polna różyczka
„Ujrzał chłopiec z polnych wzgórz różyczkę"

1866年3月15日以前に書かれたと考えられる。《家庭愛唱歌集》には作曲家没後の第8巻に収録されたが、本歌曲集の編集にあたってはモニューシュコ生前の1866年7月末頃にワルシャワで出版された《野薔薇》単独の楽譜初版《ラウラ・パプロツカ女史に／野薔薇／唄／ユゼフ・グライネルト詞／（ゲーテに倣って）／スタニスワフ・モニューシュコ音楽》（F. Hösick, Warszawa）を底本とし、ヤギェロン大学図書館所蔵資料（9395 III Mus.）のスキャンデータをWebサイト「ポーランド歌曲図書館（Biblioteka Polskiej Piosenki）」（http://www.bibliotekapiosenki.pl）において閲覧利用した。

曲はリピート記号を用いず書かれているが、第1～3節までの歌詞は全く同じ旋律で歌われ（ピアノ伴奏も音は同じ）、第4節だけ旋律に装飾が加えられているものの、ほとんど有節歌曲形式に近い形式。各節とも前半は気どらないト長調の響きの中、野原で美しい少女を暗示するバラを見つけた少年の無邪気なふるまい、バラとの軽妙なやりとりが歌われると、後半、バラの美しさに魅了される少年の想いは駆

け上った先の頂点に付されたフェルマータで大きく膨らむ。やや取り繕うかのように元の調子に戻ったところで幕切れとなる。終始愛らしさに満ちた美しい作品。

　歌詞は、ゲーテにより1771年に書かれ、1799年に出版された詩『野ばら』(Heidenröslein)をもとに、ユゼフ・グライネルト (Józef Grajnert, 1831-1910) が自由に翻案したもの。グライネルトは啓蒙活動家・民俗学者として重要な仕事をしたほか、翻訳をいくつか残しているが今日ではほとんどその名は知られていない。このゲーテの詩には百をはるかに超える数の作曲家が曲を付けている。世界的に最も有名なフランツ・シューベルト (Franz Schubert, 1797-1828) の作品のほか、日本ではハインリヒ・ヴェルナー (Heinrich Werner, 1800-1833) 作の歌曲も教科書に載るなどしてよく親しまれている。

13
《狙撃》Czaty „Z ogrodowej altany"

　1846年4月15日以前に書かれた（《紡ぎ唄》参照）。《家庭愛唱歌集》第3巻初版 (1851年) に収められたが、第2版 (1858年) 出版の際にはミツキェーヴィチ特集となる第6巻への収録を見越して掲載を取り下げられ、実際に《家庭愛唱歌集》第6巻 (初版1859年) に再録された。底本にもこれを採用した。

　劇的で重厚な作品で、モニューシュコの書いた独唱歌曲の中でも最も大掛かりなものの一つ。伴奏のピアノもまるでオペラ作品のそれを彷彿とさせるような書き方となっており（実際作曲家自身により1860年前半ごろまでにバリトンと管弦楽のための編曲がなされている）、デュナーミクや抑揚のつけ方が歌唱旋律から独立し、心情や背景を巧みに描写している。一貫してト短調／ト長調とその近親調からなる。前半部と後半部は4分の4拍子で書かれ、執拗に繰り返される4度の上向する音階的進行により領主の焦燥・憤怒が表現される。中間部はがらりと雰囲気が変わり、男女のロマンスを描く抒情的な8分の6拍子に転じるも、時折半音階的に往来する声部に不穏な空気が顔をのぞかせる。しかし領主が撃たれる最も悲劇的なはずの終結部は一転して皮肉なまでに開放的なハ長調の響きで幕切れとなる。権力者により翻弄される女性の運命、領主と領民の理不尽な主従関係という題材はモニューシュコの問題意識の在処をよく反映している。

　原詩はミツキェーヴィチにより1827年末頃に書かれたバラード。モニューシュコは『ミツキェーヴィチ詩集』(1829年) に収められていた詩『狙撃. ウクライナのバラード』(Czaty. Ballada ukraińska) をもとに作曲したと考えられる。

14
《ニェメン河に》Do Niemna „Niemnie, domowa rzeko moja!"

　1857年10月以前に書かれたと考えられる。《家庭愛唱歌集》第6巻所収 (初版1859年)、底本にもこれを用いた。

　きらびやかな中にも切なさを併せ持つホ長調で（最初の自筆譜はニ長調で書かれたが、出版時のホ長調の方が明らかにこの曲に相応しい）、川の流れ、水面のきらめきといった情景描写が絶え間ないピアノの分散和音で表される。第1節の後、2小節間の間奏で過去へと思考が移ろう間合いを表す。そして嬰ト短調に始まり不安定に繰り返される転調の中、回顧の悲しみに暮れると、また元の岸辺へと意識が戻る。27-28小節目では引き延ばされたテンポの中、幸福の記憶による感情の高揚がピアノ右手の高音域へ駆けのぼるパッセージで鮮やかに際立つ。最終連ではハ長調を経て現実に立ち返ると、哀しみがより孤独感を強めて回帰し幕を閉じる。

　原詩はミツキェーヴィチにより1820年8月に書かれたソネットで、その後改訂を加えたものが1826年出版の『ソネット集』に収録された。モニューシュコは1829年の『ミツキェーヴィチ詩集』に収録された同詩をもとに作曲したと考えられる。ミツキェーヴィチのソネットは13音節・14行を基本とし、『ニェメン河に』もそのように書かれているが、モニューシュコは作曲にあたり、4行目の反復、数か所に意味の変更を伴わない程度の語句の追加を行っている。

　ところで歌詞対訳の脚注にもあるように「ニェメン河」はモニューシュコの地元リトアニアの主要河川であるが、彼の作品にはこのニェメン河や、これに注ぐ支流の一つヴィリア河がよく登場する。本歌曲集では紙面の限りもあり掲載できなかったが、同じくミツキェーヴィチの詩（『コンラット・ヴァレンロット』(Konrad Wallenrod, 1828) の一部）をもとにし、愛唱歌集第6巻に収録されている歌曲《ヴィリア河》(Wilija) も紹介しておきたい。ホ長調で書かれ、冒頭の旋律や伴奏形にも類似点が多く、《ニェメン河》とは姉妹作ともいうべき美しい名曲である（また両河川を主人公にした《ニェメンとヴィリア》(Niemen i Wilija) という愛らしい二重唱曲も存在する）。

参考文献

チェスワフ・ミウォシュ著、関口時正・西成彦・沼野充義・長谷見一雄・森安達也訳『ポーランド文学史』(未知谷、2006年)

アダム・ミツキェーヴィチ著、久山宏一訳《ポーランド文学古典叢書》第2巻『ソネット集』(未知谷、2013年)

アダム・ミツキェーヴィチ著、関口時正訳《ポーランド文学古典叢書》第3巻『バラードとロマンス』(未知谷、2014年)

Elżbieta Dziębowska, Krystyna Duszyk: *Moniuszko Stanisław,* w: *Encyklopedia muzyczna PWM,* t. 6., s. 303-335, PWM, Kraków 2000.

Ewa Huszcza, *Śpiewnik domowy Stanisława Moniuszki, w: W kręgu muzyki Stanisława Moniuszki,* Towarzystwo Śpiewacze im. Stanisława Moniuszki w Białymstoku, Białystok 2004.

Krzysztof Mazur, *Pierwodruki Stanisława Moniuszki,* PWN, Warszawa 1970.

Erwin Nowaczyk (red.), *Dzieła Stanisława Moniuszki. Seria A – Pieśni,* t. 1-4, PWM, Kraków 1965-1972.

Witold Rudziński, Jan Prosnak, *Almanach moniuszkowski,* Czytelnik, Kraków 1952.

Witold Rudziński, *Wstęp do: Śpiewnik Domowy. Antologia pieśni na głos z fortepianem. Stanisław Moniuszko,* Kraków 1988.

※楽譜の編集・校訂にあたって使用した底本情報については
【モニューシュコの歌曲】および【各曲の解説】を参照。

ポーランド語の発音について

　本歌曲集では日本語対訳とともに掲載したポーランド語の歌詞において、子音1文字からなる前置詞wやzとそれに続く単語の間の本来スペースが入るべき場所に、言語学などで使用される「‿」という記号を特別な意図で用いました。たとえば《紡ぎ唄》第4節の2行目ではz uboczaであるべきところをz‿uboczaと記し、実際に発音する際に一続きの1つの単語であるかのように扱うことを示しました(フランス語でいう「リエゾン」に似る)。つまりこの句はzu+bo+czaという3音節として発音することになります。wやzの後の単語が子音で始まる場合も同様で、たとえば《野薔薇》の1行目も本来のz polnychをz‿polnychと表記し、zpol+nychという2音節として発音することを示しています。

　また、ポーランド語の歌詞に添えられている片仮名はあく

までも補助的なものであり、このままでは本来の発音にはなりません。たとえばś, si, szyという綴りにはいずれも「シ」という片仮名をあてていますが、実際の発音はそれぞれ異なりますし、子音が複数連続する部分を片仮名のまま発音すると不要な箇所に母音が入ってしまうといった不都合が生じます。ポーランド語を知らずに片仮名のみをたよりに正しく発音して歌うということはできないのが実情です。発音指導をご希望の方には下記「ポーランド音楽サポート窓口」にて責任をもって対応させていただきますのでぜひご活用ください。

「ポーランド音楽サポート窓口」のご案内

　ポーランドに関係する日本最大の人材ネットワークを有するNPO法人フォーラム・ポーランド組織委員会では2017年、ポーランド音楽を演奏しようという方に各専門家を紹介する「ポーランド音楽サポート窓口」を開設しました。主なサポート内容は以下のとおりです。

1) 歌曲やオペラ、コレンダ(クリスマス聖歌)、民謡、その他ポーランド語を含む音楽を演奏する場合のポーランド語発音指導
2) ポーランド語、特に固有名詞(人名、地名、曲名、施設など)の正しい綴りや日本語カナ表記、訳語に関するご相談
3) コンサートのプログラムやフライヤー、Webページ、CD解説文の添削
4) ポーランド音楽に関する文献、楽譜、書籍、データなどさまざまなリソースの探索
5) ポーランドの各種機関や人物に対する、ポーランド語を使っての電話またメールによる問い合わせ、交渉
6) ポーランドに留学して学んだ日本人音楽家、日本語とポーランド語の両方ができる音楽家のご紹介、斡旋
7) ポーランド音楽史・音楽文化に関する出張講演、レクチャー
8) 音楽分野のポーランド語テキスト日本語訳、日本語テクストのポーランド語訳
9) 音楽分野でのポーランド語通訳

【お問合せ・各種お申込み── music@forumpoland.org】

Profile

平岩理恵 ───────────────────────
ポーランド語通訳・翻訳・語学講師。19世紀ポーランド音楽史研究。東京外国語大学外国語学部ロシア東欧学科ポーランド語専攻および同大学院博士前期課程修了。ポーランド政府給費奨学生として2001〜03年ワルシャワ大学史学部音楽学学科留学。訳書に『ショパン全書簡1816-1831　ポーランド時代』（共訳・岩波書店）、『ショパン家のワルシャワ』（NIFC）がある。

小早川朗子 ───────────────────────
桜美林大学芸術文化学群音楽専修准教授。東京藝術大学大学院修士課程ピアノ専攻首席修了、NTTドコモ賞受賞。在学中ワルシャワ・ショパンアカデミー（現ショパン音楽大学）の研究生としてB.カヴァラ氏に師事。その後博士後期課程にて、博士号（音楽）取得。2008年〜13年、同大学附属音楽高等学校非常勤講師。パリ国際マザンコンクールにて一位などコンクール入賞歴多数。毎夏ワジェンキ公園やショパンの生家などポーランド各地で演奏。これまでに安田 宏子、金子 園、足立 和子、高良 芳枝、角野 裕、多 美智子の各氏に師事。

関口時正 ───────────────────────
東京外国語大学名誉教授。東京大学卒。ポーランド政府給費留学（クラクフ大学）。東京外国語大学教員（1992-2013 ポーランド文化）。著書に『ポーランドと他者』（みすず書房）、『白水社ポーランド語辞典』（共著）、訳書に『ショパン全書簡 1816-1831　ポーランド時代』（共訳・岩波書店）、スモレンスカ＝ジェリンスカ『決定版 ショパンの生涯』（音楽之友社）、コハノフスキ詩集『挽歌』（未知谷）、ミツキェーヴィチ詩集『バラードとロマンス』（同）、ボレスワフ・プルス『人形』（同）、『ショパン歌曲集』（ハンナ）、『ポーランドのクリスマス聖歌　12のコレンダ』（同）、『カルウォーヴィチ歌曲集』（同）など。

ポーランド広報文化センター
INSTYTUT POLSKI TOKIO

Niniejsza publikacja została wydana w serii wydawniczej
„Pieśni polskie dla melomanów japońskich"
w ramach „Biblioteki kultury polskiej w języku japońskim"
przygotowanej przez japońskie NPO Forum Polska,
pod patronatem i dzięki finansowemu wsparciu wydania przez Instytut Polski w Tokio.

本書は、ポーランド広報文化センターが後援すると共に出版経費を助成し、
特定非営利法人「フォーラム・ポーランド組織委員会」が企画した
《ポーランド文化叢書》の一環である
《ポーランド声楽曲選集》の一冊として刊行されました。

ポーランド声楽曲選集　第4巻
モニューシュコの家庭愛唱歌集（選）

2017 年 11 月 25 日　初版発行

企　　　画	特定非営利活動法人フォーラム・ポーランド組織委員会
編　　　者	平岩 理恵／小早川 朗子
協　　　賛	ポーランド広報文化センター
発 行 所	株式会社ハンナ
発 行 人	井澤彩野
	〒153-0061　東京都目黒区中目黒 3-6-4 2F
	Tel 03-5721-5222　Fax 03-5721-6226
	http://www.chopin.co.jp/

編 集 協 力	正鬼 奈保（株式会社ハンナ）
製　　　作	株式会社ホッタガクフ

Pieśni polskie dla melomanów japońskich　Tom IV
„Śpiewnik domowy" Stanisława Moniuszki – wybór

Projekt：Komitet Organizacyjny FORUM POLSKA
Opracowanie：Rie HIRAIWA, Tokiko KOBAYAKAWA
Patronat i wsparcie finansowe publikacji：Instytut Polski w Tokio
Wydawnictwo：HANNA Corporation
Wydawca：Ayano IZAWA

Współpraca redakcyjna：Naho MASAKI
Opracowanie nut：Hotta Inc.